CODE

DES PRUD'HOMMES.

IMPRIMÉ PAR BÉTHUNE ET PLON.

Codification de la Législation française.

MINISTÈRE DU COMMERCE.

CODE
DES PRUD'HOMMES,

Par M. A. FRANQUE,

AVOCAT A LA COUR ROYALE.

Janvier 1842.

PARIS.

PAULIN, ÉDITEUR,

RUE DE SEINE, 33.

AVANT-PROPOS.

Le conseil général du département de la Seine est en ce moment saisi de l'examen d'un projet d'ordonnance royale relatif à l'établissement de conseils de prud'hommes dans la ville de Paris.

Il n'est point douteux que cette utile institution, d'origine impériale, qui a déjà rendu de si grands services dans un grand nombre de villes, ne soit bientôt appliquée à la capitale. Les vœux des fabricants, ceux des classes ouvrières la réclament également. La sollicitude éclairée de M. le ministre du commerce est un sûr garant que l'on se sera efforcé de donner satisfaction, dans la mesure la plus juste possible, à tous les besoins et à tous les intérêts.

Dans cette situation, nous avons cru faire une chose utile en publiant un *code des Prud'hommes* qui renfermât tous les documents actuellement existants sur la matière, et qui permît ainsi aux nombreux justiciables que cette juridiction doit atteindre d'étudier la législation sur laquelle elle est fondée.

Cette législation se compose essentiellement des décrets des 18 mars 1806, 11 juin 1809 et 3 août 1810.

Le premier de ces décrets était spécial pour la ville de Lyon; celui du 11 juin 1809 a eu en vue de généraliser l'institution, de la compléter et de la réglementer; le décret de 1810 est venu ensuite élargir la juridiction, et créer de nouvelles attributions pour les conseils de prud'hommes. Ces trois décrets s'enchevêtrent, pour ainsi dire, et il faut rapprocher, sur beaucoup de points, leurs diverses dispositions pour connaître la règle.

A ces décrets principaux se joignent d'autres décrets concernant les *marques*, qui rentrent dans les attributions des prud'hommes.

Ces dispositions législatives, complétées par la *jurisprudence* et les *formules*, forment la *première partie* de notre *Code*.

La *deuxième partie* est consacrée aux *lois dont la connaissance peut être utile aux prud'hommes*.

La *troisième partie* renferme les *conseils des prud'hommes dans les départements*.

Le *Code des Prud'hommes* ainsi composé pourra être, nous l'espérons du moins, facile à étudier, et par conséquent d'une grande utilité pratique. Nous avons voulu qu'il devînt le *Manuel* de tous les justiciables de cette intéressante juridiction.

Toutefois, notre but ne serait point atteint si nous ne faisions connaître, dans un *Supplément*, l'organisation des conseils de prud'hommes pour la ville de Paris. Ce supplément paraîtra aussitôt que la nouvelle ordonnance aura été promulguée. Il y sera joint un *examen critique de la législation* sur les *conseils de prud'hommes*, par M. FRANQUE, et une *introduction générale* au *Code des Prud'hommes*, par M. BOINVILLIERS, avocat de la ville de Paris.

Ce supplément et les annexes seront distribués gratuitement aux personnes qui rapporteront le présent Code.

CODE

DES PRUD'HOMMES.

PREMIÈRE PARTIE.

Titre I.
LOIS ORGANIQUES.

EXPOSÉ DES MOTIFS

DU PROJET DE LOI SUR L'INSTITUTION DES PRUD'HOMMES,

Par le conseiller d'état Regnault de Saint-Jean-d'Angély.

CORPS LÉGISLATIF.

Séance du 8 mars 1806.— Présidence de M. de Fontanes.

Messieurs, plusieurs institutions utiles se rattachaient au régime des corporations. Les priviléges dont elles se prévalaient, les entraves qu'elles mettaient à l'exercice de l'industrie, les tributs qu'elles levaient sur ceux qu'elles recevaient à l'agrégation, ont disparu sans retour. La liberté dans l'exercice des professions est un bienfait qui sera conservé aux Français, et elle continuera de favoriser le perfectionnement de nos arts, la restauration de nos manufactures, le rétablissement de nos rapports commerciaux avec l'étranger.

Cependant, parmi les manufacturiers et les ouvriers, les artisans et leurs compagnons, la liberté a eu aussi sa licence qu'il a fallu réprimer : elle a encore ses abus qu'il faut détruire.

Déjà, Messieurs, vous avez sanctionné, en germinal an XI, une loi sur les manufactures, les fabriques et les ateliers, pour y ramener l'ordre et en rétablir la police.

Cette loi a établi des chambres consultatives d'arts et métiers et créé ainsi un moyen de centraliser, de recueillir les idées utiles et de les faire parvenir au pied du trône.

Elle laisse aux conceptions des hommes de l'art, à l'activité de leur imagination, qui doit être mobile comme la mode, variée comme le caprice, et pourtant sage comme le calcul, toute la liberté qui leur est nécessaire dans la fabrication de tant d'étoffes , dont le bon goût et le perfectionnement rendent les nations voisines tributaires de nos fabriques. Elles n'enchaîne pas l'esprit dans les liens étroits de règlements inflexibles, limitant sans utilité les dimensions, le poids, le nombre de fils de la laine ou la nature de la trame des objets fabriqués.

Mais elle délègue au gouvernement le droit de faire des règlements sur les produits des fabriques françaises ; elle lui donne aussi le moyen d'empêcher la fraude, de préserver la bonne foi des tromperies, résultats trop fréquents des calculs mal entendus de quelques fabricants déloyaux; d'imprimer aux objets qui s'exportent une espèce de sceau national, dont l'inspection seule appelle et commande la confiance.

Sa Majesté, Messieurs, de l'avis de son conseil, a exercé cette utile prérogative.

Dans son dernier voyage à Lyon, lorsqu'elle fixait les regards du génie et de la bienfaisance sur toutes les parties de l'administration, sur toutes les industries de cette cité, glorieuse de son affection, heureuse de lui devoir sa restauration, la chambre du commerce arrêta ses regards protecteurs, réparateurs et créateurs sur les abus qui s'étaient introduits dans diverses branches du commerce, et principalement dans la guimperie ou fabrique de fils d'or, dans la fabrique des étoffes de soie et d'argent, et dans celle des velours.

Un règlement fut rendu par Sa Majesté, le 20 floréal, et les fraudes des guimpiers furent réprimées, la bonne foi fut commandée aux manufacturiers par des dispositions précises ; le mélange de l'or et de l'argent fin et faux dans les étoffes cessa de prêter à l'infidélité, parce qu'il dut être désigné par une marque très-apparente ; la qualité des velours ne fut plus un problème pour l'acheteur inexpérimenté, parce que le vendeur dut en signaler la diversité par celle des lisières.

Le même règlement porte les moyens de contraindre, par la sévérité des peines, les fabricants que l'esprit de justice ou le sentiment de leur intérêt n'auraient pas trouvés dociles ou n'auraient pas rendus soumis.

Mais la surveillance à exercer, les contraventions à réprimer, demandaient d'autres instruments que ceux de l'administration générale de l'empire, et même de l'administration particulière de la cité, d'autres agents que ceux de la police ordinaire.

Ces fonctions exigent des connaissances que les fabricants seuls ou les chefs d'ateliers peuvent réunir. Elles exigent aussi, avec la sévérité du magistrat, une sorte de bonté paternelle qui tempère l'austérité du juge, permette quelquefois l'indulgence, appelle sans cesse la confiance et aide toujours à la soumission.

Elles étaient exercées, avant 1789, par les juges-gardes ou syndics des communautés.

Sa Majesté a cru convenable de les confier à des prud'hommes choisis, partie dans le nombre des négociants fabricants, partie dans le nombre des chefs d'ateliers.

L'institution de cette espèce de tribunal de famille, invoquée par les Lyonnais, est contenue dans le premier titre de la loi que je vous apporte.

La pensée en a semblé si heureuse, l'action si utile, que Sa Majesté a cru devoir en ménager le bienfait aux autres villes industrieuses et manufacturières de son empire, et l'article 34, au dernier titre de la loi, en autorise l'établissement par un règlement d'administration publique ; ce sera aussi par un règlement que le mode de leur élection sera déterminé.

On n'arrivera peut-être à ce qui est le plus convenable que par des essais successifs et tout ce qui est susceptible de changement, de modifications, selon les temps et les lieux, n'est pas du domaine de la loi, qui doit être générale et ramenée à son caractère distinctif, la fixité, l'invariabilité.

Toutes les villes, d'ailleurs, tous les genres de manufactures, ne comporteront pas une composition entièrement semblable, et la diversité des fabrications exigera des dispositions diverses, dont il est nécessaire que le gouvernement soit le juge.

Le second titre de la loi règle les fonctions des prud'hommes.

La deuxième section de ce titre les charge de cette nouvelle police conservatrice de la bonne foi, réparatrice des infidélités passées, surveillante active de toutes les branches et de tous les instruments de la précieuse industrie lyonnaise, police dont le besoin a fait naître la première idée de l'institution.

Elle appelle en outre les prud'hommes à être les premiers dépositaires, les premiers juges des plaintes pour cause d'infidélité contre les ouvriers et les teinturiers.

Elle leur confie une sorte de magistrature presque domestique et pourtant solennelle sur des hommes qu'ils ramèneront à la probité s'ils s'en écartaient, autant par l'autorité de la morale et les conseils de la sagesse que par l'action de la justice et l'application de la loi.

Enfin, quand l'intérêt général exige que la porte des fabriques, des ateliers, soit ouverte aux agents de la puissance publique, ce seront les prud'hommes, assistés d'un autre officier public, qui procéderont aux visites et constateront les fraudes, les soustractions, les contraventions, les délits.

La section première du même titre décerne aux prud'hommes une autre espèce de juridiction, dont j'aurais parlé d'abord, si la deuxième section ne s'était liée plus immédiatement, lors des premières vues, à l'institution de ces nouveaux magistrats du commerce.

L'article 19 de la loi du 22 germinal an XI attribue aux maires les contestations de simple police, entre les ouvriers et apprentis d'une part, les manufacturiers, fabricants et artisans de l'autre.

La nécessité de porter aux tribunaux de commerce des affaires d'un faible intérêt, qu'il faut souvent arbitrer selon l'équité plutôt que de les juger selon les lois, a paru trop rigoureuse, trop contraire à l'activité journalière des fabriques, trop opposée à son esprit.

Les prud'hommes jugeront, jusqu'à soixante francs, les affaires où seront intéressés les ouvriers ; ils les jugeront sans formes, sans procédures, sans appel.

On trouvera dans leur institution un tribunal de conscience et d'équité, jugeant après avoir entendu les parties, sans l'intervention d'aucun défenseur, et comme il faut espérer que jugeront bientôt les tribunaux de commerce, ramenés à ce qu'ils furent dans leur origine, à ce qu'ils eussent dû être toujours.

Enfin la troisième section du second titre attribue aux prud'hommes une fonction nouvelle, protectrice de la propriété , et qui offrant, à ceux qui inventent ou perfectionnent la partie de la fabrication qui appartient aux arts du dessin, une nouvelle garantie, sera à la fois un encouragement à faire et une récompense d'avoir fait un pas de plus dans la carrière.

Chaque jour voit varier à Lyon ces dessins pleins de goût et de grâce où l'on imite tantôt les étoffes légères et éclatantes dont se parent les sultanes ou les odalisques, tantôt les étoffes riches et fortes dont se couvrent les grands de la Turquie et de la Perse ; ces dessins où on prend pour modèle, aujourd'hui les fleurs dont sont ornés les tissus déliés de Cachemire , demain les fines broderies de l'Inde , ou les couleurs brillantes de la Chine.

Souvent la nouveauté d'un dessin quadruple le prix d'une étoffe ; plus d'une fois une fleur tracée et habilement tissue, un amalgame heureux de couleurs, une imitation plus voisine de l'inimitable coloris de la nature , a fait connaître, achalandé, enrichi une fabrique.

Et pourtant le plagiat ou plutôt le larcin de cette espèce de propriété sont devenus assez communs à Lyon et ailleurs, pour que la répression de ce délit soit un besoin de la société et un devoir de sa législation.

La section 3 du titre II de la loi que je vous présente satisfait ce besoin et remplit ce devoir.

Vous y trouverez, Messieurs, un moyen heureux et facile de conserver les droits des propriétaires de dessins, de prononcer entre des rivaux qui auraient par hasard conçu les mêmes idées, ou qui essaieraient d'assurer à une imitation adroite les prérogatives de l'invention.

Ce moyen se rapproche de celui employé pour les auteurs des procédés, machines , étoffes ou instruments nouveaux qui s'assurent la propriété par un brevet.

Mais ce moyen de garantie aura désormais l'avantage d'être sous la main du fabricant, confié, pour son exécution, à des hommes de l'art, capables de le maintenir en même temps sans faiblesse, sans erreurs, sans abus, et intéressés à être justes envers les autres, afin qu'on soit juste envers eux.

Il a l'avantage d'être d'un usage presque gratuit ; car la modique rétribution attachée au droit de l'enregistrement des dessins déposés ne peut être regardée comme un sacrifice, tandis que les brevets d'invention paient un droit considérable.

Enfin, il assure que le Conservatoire de la ville de Lyon enrichira sa collection, déjà immense, de tous les dessins dont la propriété aura cessé ; et s'il est vrai qu'en ce genre, comme en tant d'autres, le fond des idées soit presque toujours le même, que ce qui semble nouveau ne soit autre chose que ce qu'on dérobe au temps passé , en changeant la disposition des formes ou la nuance des couleurs, le dépôt de tant de modèles, ouvrages de tant d'artistes, création de tant d'imaginations, production de tant de goûts divers, sera un riche trésor dans l'avenir, et l'industrie épuisée ou le goût blasé viendront chercher des moyens de se ranimer.

Le titre III de la loi perfectionne les règles et facilite dans son exécution le titre III de la loi du 22 germinal an XI, concernant les *obligations entre les ouvriers et ceux qui les emploient*

Il assure à l'ouvrier plus de facilité à obtenir des secours par des avances, en assurant au fabricant plus de garantie de ses recouvrements.

Il préserve les fabricants de la tentation, à laquelle ils cèdent quelquefois, de débaucher un chef d'atelier qu'ils convoitent, pour améliorer leur fabrication, nuire à celle de leurs concurrents, et prendre ou conserver sur lui de l'avantage.

Il remet enfin aux prud'hommes le soin de délivrer des livres d'acquit aux chefs d'ateliers et les substitue aux officiers de police dans cette partie de leurs fonctions, qui sera ainsi exercée, sinon avec plus de zèle, du moins avec des lumières plus positives, plus étendues, et une action plus prochaine et plus puissante.

Enfin, Messieurs, le dernier titre de la loi contient des dispositions diverses.

L'une de ces dispositions établit que les fonctions des prud'hommes négociants-fabricants seront gratuites : les mutations annuelles, n'enlevant à chacun qu'une partie de leur temps, feront de l'exercice de cette charge une honorable contribution dont profitera le commerce de Lyon et celui de la France entière.

Les chefs d'ateliers attachés aux conseils de prud'hommes, n'ayant souvent pour richesse que leur travail, pourront recevoir une indemnité de l'emploi qu'ils feront, pour l'utilité publique; d'un temps qui est leur patrimoine et celui de leur famille.

Une autre disposition appelle les prud'hommes à remplir, par deux visites, ou inspections annuelles, des fonctions que remplissaient jadis les inspecteurs des manufactures.

Ils recueilleront, dans ces tournées, des connaissances statistiques importantes sur le nombre des ouvriers, des métiers, sur les améliorations dont la fabrication est susceptible, sur ses pertes, si elle en éprouvait; sur les moyens de les réparer, et sur tout ce qui peut intéresser l'ordre public et les progrès de l'industrie.

Vous le voyez, Messieurs, la loi que je vous présente crée une institution nouvelle mieux conçue que celle des juges-gardes et des syndics, aussi avantageuse que le fut celle-ci, et n'offrant aucun de ses inconvénients. Elle réalisera des conceptions utiles et en préparera de nouvelles; elle effectuera un bien présent, et pourra disposer encore plus de bien pour l'avenir.

Enfin cette loi donnera des règles au commerce, des chaînes à la mauvaise foi, de l'activité à la police, des lumières à l'économie politique, de la fidélité au fabricant, une garantie au consommateur. Elle fera plus, elle contribuera puissamment à ramener le commerce et ses chefs, la fabrication et ses employés, les manufactures et leurs ouvriers, à cette loyauté qui fut jadis et qui redeviendra leur caractère ; elle influera sur le retour si désiré de toutes les classes négociantes, à cette vie active qui est un titre d'honneur, à cette économie qui est un moyen de générosité, à ces principes d'ordre sans lesquels il n'est point de richesse, à la simplicité de cette vie domestique sans laquelle il n'est point de cité ; enfin à la pureté de ces mœurs antiques sans lesquelles il est peu de bonheur.

L'orateur fait lecture du projet de loi.

M. Regnault annonce que Sa Majesté a désigné le 18 de ce mois pour la discussion de ce projet de loi devant le corps législatif.

CORPS LÉGISLATIF.

Séance du 8 mars 1806. — Présidence de M. de Fontanes.

L'ordre du jour appelle la discussion du projet de loi portant établissement d'un conseil de prud'hommes pour la ville de Lyon.

On introduit les orateurs du conseil d'état et ceux du tribunat.

M. Camille Pernon, tribun : — Messieurs, la ville de Lyon, pendant le siècle qui vient de s'écouler, renferma dans son sein une population nombreuse composée d'hommes industrieux dont une grande partie a péri en défendant avec énergie et courage des coutumes et des lois protectrices des mœurs et de la prospérité publique.

Leur industrieuse activité, leur probité sévère, avait donné au commerce dont ils s'occupaient une telle étendue, les produits de leurs manufactures jouissaient dans l'étranger d'une telle confiance, qu'on vit pendant cette période de temps les travaux de cette ville florissante ajouter chaque année à la richesse nationale 60 millions de numéraire. C'est ainsi qu'une cité aussi célèbre par ses malheurs que par la loyauté de ses habitants augmentait les ressources et la force de l'État, et s'acquittait envers lui de la protection sous laquelle s'exerçait son industrie.

Aussitôt que les lois et les coutumes qui avaient fait sa splendeur n'existèrent plus, des hommes pervers, prétendant introduire jusque dans la fabrication des étoffes la licencieuse liberté du temps, leur donnèrent des qualités trompeuses qui devaient lui faire perdre la confiance de l'acheteur.

Dans cette situation, le chef auguste qui nous gouverne, dont l'œil est partout, et qui sait que si les mœurs, l'ordre et l'économie n'existent pas dans les ateliers, aucune entreprise de l'industrie ne saurait avoir de succès permanents, s'est hâté d'y ramener ces institutions tutélaires qui, formant l'homme au travail et à la vertu, assurent le bonheur des individus et la fortune publique. Déjà, par ses arrêtés du 20 floréal dernier, il a ordonné que les tissus principaux des fabriques de Lyon fussent revêtus de marques qui assurent dans les uns leurs qualités intrinsèques ; dans d'autres, la valeur des métaux qui en font partie, de manière que le consommateur ne peut plus aujourd'hui être trompé dans les étoffes qu'il achète sous cette garantie.

La loi que j'ai l'honneur de vous présenter en ce moment, Messieurs, est une suite de ces dispositions qui tendent à régénérer les manufactures françaises. Son premier et second titre établissent et organisent un conseil de prud'hommes dans la ville de Lyon, et règlent ses attributions.

Ce conseil doit remplacer l'ancien corps des juges-gardes, débarrassé, dans ses formes, de tout ce que l'expérience a montré être nuisible au progrès de l'industrie et à la liberté du commerce.

Ce tribunal, par la nature de sa composition et dans l'exercice des pouvoirs qui lui sont délégués, a un avantage sur ceux qu'il remplace. Il doit être composé d'hommes qui, par leurs habitudes et leur éducation, auront acquis toutes les connaissances qui doivent faire présumer la justesse et l'équité de leurs décisions. Appelés à terminer les différends entre leurs égaux, il leur sera facile de gagner leur confiance, et souvent ils pourront s'en servir avec avantage pour les concilier entre eux, par des invitations paternelles, en évitant de prononcer des jugements qui laissent fréquemment de l'aigreur entre les parties intéressées.

La surveillance qu'ils doivent exercer, les communications journalières et bienveillantes qu'ils doivent entretenir avec tous les artisans, redonneront aux membres de cette famille industrieuse cet esprit d'ordre qui leur convient, cette rigidité de principes nécessaire dans toutes les transactions commerciales, et surtout cette émulation qui, fécondant le vaste et fertile domaine de l'imagination, multiplie les arts par lesquels les diverses substances de notre globe sont forcées à revêtir les formes et les qualités qu'exigent nos goûts ou nos besoins, et constituent l'ensemble de tous les objets commerçables.

La 3e section du second titre charge les prud'hommes des mesures conservatrices de la propriété des dessins. La propriété indéfinie des dessins que la loi permet d'acquérir a appartenu de tout temps aux manufacturiers qui les ont produits. Cet usage assurait à chacun le produit de ses découvertes. Il faisait rechercher et permettait de payer les artistes les plus distingués : c'est à cet usage que les manufactures ont dû la faculté de varier à tel point leurs inventions, qu'elles ont pu satisfaire à tous les caprices de la mode, en même temps qu'elles ont contribué à les multiplier chez presque tous les peuples de l'ancien et du nouveau monde, au grand avantage de ces mêmes manufactures.

Vous observerez, Messieurs, que la facture d'un dessin ne saurait être assimilée aux inventions dans les arts pour lesquels s'obtiennent des brevets d'invention.

Ceux-ci sont toujours le résultat d'une découverte ou du perfectionnement d'un objet utile qu'il importe de faire connaître ou de multiplier. Il n'en est pas de même du dessin d'une étoffe qui n'a le plus souvent d'intéressant que de fournir aux consommateurs la facilité de faire un choix qui lui plaise davantage.

L'intention de la loi sur les brevets se trouve cependant remplie.

L'un des articles de cette section ordonne le dépôt à faire au conservatoire de Lyon, dans un temps déterminé, de tous les échantillons des inventions nouvelles.

Cette disposition met tous les manufacturiers à portée de profiter de leurs découvertes mutuelles, avec cet avantage pour les progrès de l'art que chacun se trouve forcé de perfectionner, ou de créer une nouveauté pour obtenir la préférence sur ses rivaux. Cet établissement précieux, fondé par S. M., et qui a pour but de rassembler toutes les découvertes anciennes et modernes, relatives aux arts et manufactures, avec toutes les parties d'enseignement qui peuvent servir à les perfectionner, leur offre encore une ressource dont l'avantage est incalculable.

Le titre 5 de la loi est une interprétation ajoutée à

celle sur les livrets, avec les changements qu'ont exigés les localités où elle doit s'exercer. Elle rétablit un usage dont l'expérience a démontré l'utilité. Cette loi fixe d'une manière précise les rapports de comptabilité entre les chefs d'ateliers et les négociants qui les occupent. D'une part, ceux-ci se trouvent assurés dans le remboursement de leurs avances ; d'autre part, l'ouvrier ne peut être privé, dans aucun cas, des ressources de son travail. Ce mode facilite, de plus, l'établissement d'un grand nombre d'hommes qui, par leur travail et leur bonne conduite, peuvent mériter la confiance des manufacturiers.

Enfin, Messieurs, le dernier article de la loi, en déclarant que les principes, notifiés selon les circonstances, sont applicables aux autres villes de fabrique, proclame l'admission d'un système bien propre à les faire fleurir toutes. Ce système, en assimilant chaque cité à une grande famille qui a toujours un intérêt principal dont les membres sont les meilleurs juges et les promoteurs les plus constants et les plus éclairés, s'achemine à devenir elle-même l'artisan de sa prospérité, la rend comme responsable de sa conduite et de sa réputation, et fait, en un mot, que ses citoyens exercent réciproquement, sur l'industrie qui leur est commune, une surveillance dont l'activité est garantie par l'intérêt direct de chacun d'eux. Une inspection ainsi organisée est le meilleur et peut-être l'unique frein qu'on puisse opposer efficacement aux sourdes suggestions de l'intérêt particulier, et aux lâches combinaisons de la fraude.

Ainsi, quand Lyon surveillera ses soieries, Rouen ses toiles, Louviers ses draps, Genève ses bijoux et ses montres, alors la France et l'étranger pourront acheter avec sécurité les produits de l'industrie française, et la valeur commerciale de tous ces objets sera comme rehaussée par une prime équivalente à tout ce que leur fabrication a gagné en fidélité.

Ces motifs, Messieurs, ont engagé la section de

l'intérieur du tribunat à vous proposer l'adoption de la loi qui vous a été proposée.

Aucun autre orateur ne prenant la parole, la discussion est fermée.

Le corps législatif délibère sur le projet de loi, qui est décrété à la majorité de 220 boules blanches contre une noire.

CONSEILS DE PRUD'HOMMES.

18 *mars* 1806.

Décret impérial portant établissement d'un conseil de prud'hommes à Lyon.

—

TITRE PREMIER.

INSTITUTION ET NOMINATION DES PRUD'HOMMES.

ART. 1er. Il sera établi à Lyon un conseil de prud'-hommes, composé de neuf membres dont cinq négociants-fabricants et quatre chefs d'atelier.

2. Le mode de nomination sera déterminé par un règlement d'administration publique.

3. Les négociants-fabricants ne pourront être élus, s'ils n'exercent depuis six ans dans cet état ou s'ils ont fait faillite.

Les chefs d'atelier ne pourront être élus prud'-hommes, s'ils ne savent lire et écrire, s'ils n'ont au moins six ans d'exercice de leur état, ou ils sont ré-tentionnaires de matières données à employer par les ouvriers (1).

4. Le conseil des prud'hommes se renouvellera par tiers chaque année, le premier jour du mois de janvier.

(1) Voyez l'art. 1er du décret du 11 juin 1809. Les dis-positions de cet article s'appliquent également aux nouvel-les catégories d'éligibles créés par l'art. 1er du décret de 1809, et aux électeurs, comme il est dit en l'art. 14 du même décret.

Trois membres, dont un négociant-fabricant et deux chefs d'atelier, seront renouvelés la première année.

Deux négociants-fabricants et un chef d'atelier, seront renouvelés à chacune des deux années suivantes.

5. Les membres du conseil de prud'hommes sont toujours rééligibles.

TITRE II.

DES FONCTIONS DES PRUD'HOMMES.

—

SECTION I.

De la conciliation et du jugement des contestations entre les fabricants, ouvriers, chefs d'atelier, compagnons et apprentis.

6. Le conseil des prud'hommes est institué pour terminer par la voie de la conciliation les petits différends qui s'élèvent journellement soit entre des fabricants et des ouvriers, soit entre des chefs d'atelier et compagnons ou apprentis.

7. A cet effet, il sera tenu chaque jour, depuis onze heures du matin jusqu'à une heure, un bureau de conciliation, composé d'un prud'homme fabricant et d'un prud'homme chef d'atelier, devant lequel se présenteront, en personne, les parties en contestation (1).

(1) Cette disposition, d'après un auteur, n'est applicable qu'aux bureaux particuliers ou de conciliation; car sans cela, ce serait évidemment restreindre le droit sacré de la défense, et exposer le plus souvent des ouvriers ayant peu d'habitude des affaires, à la finesse et aux artifices d'adversaires adroits et intelligents. — Cette opinion nous paraît d'autant plus plausible, que les conseils des prud'hommes peuvent appliquer des peines très-fortes, 3 jours et 6 mois de prison....

8. Il se tiendra une fois par semaine, au moins, un bureau général ou conseil de prud'hommes, lequel pourra prononcer, au nombre de cinq membres au moins, ainsi qu'il est dit dans l'article précédent, sur tous les différends qui auront été renvoyés par le bureau de conciliation.

9. Tout différend portant sur une somme supérieure à celle de soixante francs, qui n'aura pu être terminé par la voie de conciliation, sera porté devant le tribunal de commerce, ou devant les tribunaux compétents (1).

SECTION II.

Des contraventions aux lois et règlements.

10. Le conseil des prud'hommes sera spécialement chargé de constater, d'après les plaintes qui pourraient lui être adressées, les contraventions aux lois et règlements nouveaux, ou remis en vigueur.

11. Les procès-verbaux dressés par les prud'hommes pour constater ces contraventions, seront renvoyés aux tribunaux compétents, ainsi que les objets saisis.

12. Le conseil des prud'hommes constatera également, sur les plaintes qui lui seront portées, les soustractions de matières premières qui pourraient être faites par les ouvriers au préjudice des fabricants, et les infidélités commises par les teinturiers.

13. Les prud'hommes, dans les cas ci-dessus et sur la réquisition verbale ou écrite des parties, pourront, au nombre de deux au moins, assistés d'un officier public (2), dont un fabricant et un chef d'atelier,

(1) Cette juridiction a été étendue par l'art. 2 de l'arrêté ci-après, du 3 août 1810.

(2) Sous la dénomination d'officier public, on comprend tous les officiers de police judiciaire ou administrative, excepté ceux qui, comme les gardes champêtres et forestiers, n'ont de qualité que pour des objets déterminés.

faire des visites chez les fabricants, chefs d'atelier, ouvriers et compagnons.

Les procès-verbaux constatant les soustractions ou infidélités, seront adressés au bureau général des prud'hommes, et envoyés, ainsi que les objets formant pièces de conviction, aux tribunaux compétents.

SECTION III.

De la conservation de la propriété des dessins.

14. Le conseil des prud'hommes est chargé des mesures conservatoires de la propriété des dessins.

15. Tout fabricant qui voudra pouvoir revendiquer, par la suite, devant le tribunal de commerce, la propriété d'un dessin de son invention, sera tenu d'en déposer aux archives du conseil de prud'hommes, un échantillon plié, sous enveloppe, revêtue de ses cachet et signature, sur laquelle sera également apposé le cachet du conseil des prud'hommes.

16. Les dépôts des dessins seront inscrits sur un registre tenu *ad hoc*, par le conseil des prud'hommes, lequel délivrera aux fabricants un certificat rappelant le numéro d'ordre du paquet déposé, et constatant la date du dépôt.

17. En cas de contestation entre deux ou plusieurs fabricants, sur la propriété d'un dessin, le conseil de prud'hommes procèdera à l'ouverture des paquets qui auront été déposés par les parties ; il fournira un certificat indiquant le nom du fabricant qui aura la priorité de date.

18. En déposant son échantillon, le fabricant déclarera s'il entend se réserver la propriété exclusive pendant un, trois ou cinq ans, ou à perpétuité, il sera tenu note de cette déclaration.

A l'expiration du délai fixé par ladite déclaration si la réserve est temporaire, tout paquet d'échantillon déposé sous cachet dans les archives du conseil, devra être transmis au Conservatoire des arts de la ville de Lyon, et les échantillons y contenus être joints à la collection du Conservatoire.

19. En déposant son échantillon, le fabricant acquittera, entre les mains dn receveur de la commune, une indemnité qui sera réglée par le conseil des prud'hommes, et ne pourra excéder un franc pour chacune des années pendant lesquelles il voudra conserver la propriété exclusive de son dessin ; et sera de dix francs pour la propriété perpétuelle.

TITRE III.

DES RÈGLEMENTS DE COMPTE ET DE LA POLICE ENTRE LES MAITRES D'ATELIER ET LES NÉGOCIANTS.

20. Tous les chefs d'atelier actuellement établis, ainsi que ceux qui s'établiront à l'avenir, seront tenus de se pourvoir au conseil de prud'hommes, d'un double livre d'acquit pour chacun des métiers qu'ils feront travailler, dans la quinzaine, à dater du jour de la publication pour ceux qui travaillent ; et dans la huitaine, du jour où commenceront à travailler ceux qu'ils monteront à neuf.

Sur ce livre d'acquit paraphé et numéroté et qui ne pourra leur être refusé, lors même qu'ils n'auraient qu'un métier, seront inscrits les noms, prénoms et domicile du chef d'atelier.

21. Il sera tenu au conseil des prud'hommes un registre sur lequel lesdits livres d'acquit seront inscrits ; le chef d'atelier signera, s'il le sait, sur le registre, et sur le livre d'acquit qui lui sera délivré.

22. Le chef d'atelier déposera le livre d'acquit du métier qu'il destinera au négociant-manufacturier, entre ses mains, et pourra, s'il le désire, en exiger un récépissé.

23. Lorsqu'un chef d'atelier cessera de travailler

pour un négociant, il sera tenu de faire noter sur le livre d'acquit, par ledit négociant, que le chef d'atelier a soldé son compte ; ou, dans le cas contraire, la déclaration du négociant spécifiera la dette dudit chef d'atelier.

24. Le négociant possesseur du livret d'acquit, le fera viser aux autres négociants occupant des métiers dans le même atelier, qui énonceront la somme due par le chef d'atelier, dans le cas où il serait leur débiteur.

25. Lorsque le chef d'atelier restera débiteur du négociant-manufacturier pour lequel il aura cessé de travailler, celui qui voudra lui donner de l'ouvrage fera la promesse de retenir la huitième partie du prix des façons dudit ouvrage, en faveur du négociant dont la créance sera la plus ancienne sur ledit registre, et ainsi successivement, dans le cas où le chef d'atelier aurait cessé de travailler pour ledit négociant, du consentement de ce dernier; ou pour cause légitime : dans le cas contraire, le négociant-manufacturier qui voudra occuper le chef d'atelier, sera tenu de solder celui qui sera resté créancier en compte de matières, nonobstant toute dette antérieure, et le compte d'argent jusqu'à cinq cents francs.

26. La date des dettes que les chefs d'atelier auront contractées avec les négociants qui les auraient occupés, sera regardée comme certaine vis-à-vis des négociants et maîtres d'atelier seulement, et à l'effet des dispositions portées au présent titre, après l'apurement des comptes, l'inscription de la déclaration sur le livre d'acquit et le visa du bureau des prud'hommes.

27. Lorsqu'un négociant manufacturier aura donné de l'ouvrage à un chef d'atelier dépourvu de livre d'acquit pour le métier que le négociant voudra occuper, il sera condamné à payer comptant tout ce que ledit chef d'atelier pourra devoir en compte de ma—

tières et en compte d'argent, jusqu'à cinq cents francs.

28. Les déclarations ci-dessus prescrites seront portées, par le négociant-manufacturier, sur le livre d'acquit resté entre les mains du chef d'atelier, comme sur le sien.

TITRE IV.

DISPOSITIONS GÉNÉRALES.

29. Le conseil de prud'hommes tiendra un registre exact du nombre de métiers existants et du nombre d'ouvriers de tout genre employés dans la fabrique, pour lesdits renseignements être communiqués à la chambre de commerce, toutes les fois qu'il en sera requis.

A cet effet, les prud'hommes sont autorisés à faire dans les ateliers, une ou deux inspections par an, pour recueillir les informations nécessaires.

30. Les fonctions des prud'hommes négociants-fabricants sont purement gratuites.

31· Il sera attaché au conseil des prud'hommes, un secrétaire et un commis, avec mille francs.

32. Toutes les fonctions des prud'hommes et de leur bureau seront entièrement gratuites vis-à-vis des parties; ils ne pourront réclamer, pour les formalités remplies par eux, d'autres frais que le remboursement du papier et du timbre (1).

33. En cas de plainte en prévarication portée contre les membres du conseil de prud'hommes, il sera procédé contre eux, suivant la forme établie à l'égard des juges.

34. Il pourra être établi, par un règlement d'administration publique, délibéré en conseil d'état, un

(1) Il est dérogé à cette disposition par les articles 59, 60 et 61 du décret du 11 juin 1809 ci-après.

conseil de prud'hommes dans les villes de fabrique où le gouvernement le jugera convenable.

55. La composition pourra être différente, selon les lieux ; mais ses attributions seront les mêmes.

———

11 juin 1809.

Décret contenant règlement sur les conseils des prud'hommes (1).

TITRE PREMIER.

COMPOSITION DES CONSEILS DE PRUD'HOMMES ; MODE ET ÉPOQUE DU RENOUVELLEMENT DE LEURS MEMBRES.

Art. 1er. Les conseils de prud'hommes ne seront

(1) Nous donnons ici ce décret tel qu'il a été modifié par l'avis du conseil d'état du 20 février 1810. Le préambule de cet avis est ainsi conçu :

« Le conseil d'état, qui, d'après le renvoi ordonné par sa majesté, a entendu le rapport de la section de l'intérieur sur celui du ministre de ce département, tendant à mettre en harmonie quelques dispositions du décret du 11 juin 1809, portant règlement sur les conseils de prud'hommes ;

» Considérant qu'il se trouve dans le décret du 11 juin 1809 des dispositions portant taxation de frais aux secrétaires des mairies, ce qui supposerait attribution aux maires des fonctions de conseil de prud'hommes, à défaut de ces conseils, tandis que cette attribution ne leur est donnée en aucun cas ;

» Que ces taxations doivent conséquemment être supprimées du décret ;

» Est d'avis ,

» Que le décret du 11 juin 1809, portant règlement sur les conseils de prud'hommes soit réimprimé avec ces changements, et que la rédaction jointe au présent avis soit inscrée au Bulletin des lois. »

composés que de marchands-fabricants, de chefs d'atelier, de contre-maîtres, de teinturiers, ou ouvriers patentés (1). Le nombre de ceux qui en feront partie pourra être plus ou moins considérable, mais en aucun cas les chefs d'atelier, les contre-maîtres, les teinturiers ou les ouvriers ne seront égaux en nombre aux marchands-fabricants ; ceux-ci auront toujours dans le conseil un membre de plus que les chefs d'atelier, les contre-maîtres, les teinturiers ou les ouvriers.

2. Les conseils de prud'hommes seront établis sur la demande motivée des chambres de commerce, ou des chambres consultatives de manufactures. Cette demande sera d'abord communiquée au préfet, qui examinera si elle est de nature à être accueillie ; il la transmettra ensuite à notre ministre de l'intérieur (2),

Ces changements ont consisté uniquement dans la suppression de l'art. 60 qui était ainsi conçu :

« Les taxations ci-dessus sont communes à ceux qui feront fonctions de secrétaires de mairie, mais seulement lorsque les maires remplissent les fonctions de conseils de prud'hommes. »

(1) Ces trois dernières catégories sont ajoutées à celles du décret de 1806.

Par *ouvriers patentés*, il faut entendre, d'après l'art. 29, n° 3, de la loi du 1er brumaire an VII, « celui qui travaille chez soi pour des fabricants, même sans compagnons, enseigne, ni boutique. »

Par marchand-fabricant, il faut entendre celui qui fabrique, qui prépare, qui façonne des ouvrages, pour ensuite les vendre. Ainsi un marchand, soit en gros, soit en détail, s'il n'est marchand-fabricant, ne peut être membre du conseil de prud'hommes.

Par contre, tous les marchands-fabricants, tous les chefs d'atelier, tous les contre-maîtres, tous les ouvriers patentés, dans quelque partie d'industrie que ce soit.

(2) Aujourd'hui le ministre du commerce, par suite de la division des attributions. Si la ville qui veut obtenir un conseil de prud'hommes ne possède ni chambre de com-

qui, avant de nous en rendre compte, s'assurera si l'industrie qui s'exerce dans la ville est assez importante pour faire autoriser la création du conseil de prud'hommes.

3. Les conseils de prud'hommes seront renouvelés en partie chaque année, le premier jour du mois de janvier, dans les proportions qui suivent :

Si le conseil est composé de cinq membres, il ne sera renouvelé, la première année, qu'un prud'homme marchand-fabricant ;

La seconde année, il sera renouvelé un prud'homme marchand fabricant. et un prud'homme chef d'atelier, contre-maître, teinturier ou ouvrier patenté ;

La troisième année, *idem.*

Si le conseil est composé de sept membres, il sera renouvelé, la première année, deux prud'hommes marchands-fabricants, et un prud'homme chef d'atelier ou contre-maître, etc.;

La deuxième année, un prud'homme marchand-fabricant et un prud'homme chef d'atelier;.

La troisième année, *idem.*

Si le conseil est composé de neuf membres, il sera renouvelé, la première année un prud'homme marchand-fabricant et deux prud'hommes chefs d'atelier;

La deuxième année, deux prud'hommes marchands-fabricants et un prud'homme chef d'atelier;

La troisième année, *idem.*

Si le conseil est composé de quinze membres, il sera renouvelé, la première année, deux prud'hommes marchands-fabricants et un prud'homme chef d'atelier;

merce, ni chambre consultative de manufactures, fabriques, arts et métiers, elle doit s'adresser à la chambre de commerce ou consultative des manufactures, fabriques, arts et métiers du chef-lieu d'arrondissement ou de département. S'il n'y en existe point, elle devra s'adresser à l'une ou à l'autre de ces deux chambres la plus proche.

La deuxième année, trois prud'hommes marchands-fabricants et trois prud'hommes chefs d'atelier ;

La troisième année, *idem.*

Le sort désignera ceux des prud'hommes qui seront renouvelés la première et la deuxième année ; dans les autres années, ce seront les plus anciens nommés.

Les prud'hommes sont toujours rééligibles.

TITRE II.

ATTRIBUTION ET JURIDICTION DES CONSEILS DE PRUD'HOMMESS.

—

SECTION I.

Des attributions des conseils de prud'hommes.

4. Les conseils de prud'hommes seront chargés de veiller à la conservation et observation des mesures conservatrices de la propriété des marques empreintes aux différents produits de la fabrique.

5. Tout marchand-fabricant qui voudra pouvoir revendiquer devant les tribunaux la propriété de sa marque, sera tenu de l'établir d'une manière assez distincte des autres marques, pour qu'elles ne puissent être confondues et prises l'une pour l'autre (1).

6. Les conseils de prud'hommes réunis sont arbitres de la suffisance ou insuffisance de différence entre les marques déjà adoptées et les nouvelles qui seraient déjà proposées, ou même entre celles déjà existantes ; et, en cas de contestation, elle sera portée au tribunal de commerce, qui prononcera après avoir vu l'avis du conseil de prud'hommes.

(1) Voyez notes sur la loi du 22 germinal an XI, rapportée ci-dessous.

7. Indépendamment du dépôt ordonné par l'art. 18 de la loi du 18 germinal an XI, au greffe du tribunal de commerce, nul ne sera admis à intenter action en contrefaçon de sa marque, s'il n'a déposé un modèle de cette marque au secrétariat du conseil des prud'hommes (1).

8. Il sera dressé procès-verbal de ce dépôt, sur un registre en papier timbré, ouvert à cet effet, et qui sera coté et paraphé par le conseil des prud'hommes.

Une expédition de ce procès-verbal sera remise au fabricant, pour lui servir de titre contre les contrefacteurs (2).

9. S'il était nécessaire, comme dans les ouvrages de quincaillerie et de coutellerie, de faire empreindre la marque sur des tables particulières, celui à qui elle appartient paiera une somme de six francs entre les mains du receveur de la commune. Cette somme, ainsi que toutes les autres qui seraient comptées pour le même objet, seront mises en réserve, et destinées à faire l'acquisition des tables et à les entretenir.

SECTION II.

*De la juridiction des conseils de **prud'hommes**.*

10. Nul ne sera justiciable des conseils de prud'hommes, s'il n'est marchand-fabricant, chef d'atelier, contre-maître, teinturier, ouvrier, compagnon ou apprenti : ceux-ci cesseront de l'être, dès que les contestations porteront sur des affaires autres que celles qui sont relatives à la branche d'industrie qu'ils cultivent, et aux conventions dont cette industrie aura été l'objet. Dans ce cas, ils s'adresseront aux juges ordinaires.

(1) Voyez l'art. 4 du décret du 5 septembre 1810.

(2) Voyez notes sur la loi du 22 germinal an XI, ci-dessous.

11. La juridiction des conseils de prud'hommes s'étend sur tous les marchands-fabricants, les chefs d'atelier, contre-maîtres, teinturiers, ouvriers, compagnons et apprentis travaillant pour la fabrique du lieu ou du canton de la situation de la fabrique, suivant qu'il sera exprimé dans les décrets particuliers d'établissement de chacun de ces conseils, à raison des localités, quel que soit l'endroit de la résidence desdits ouvriers.

12. Les conseils de prud'hommes ne connaîtront que, comme arbitres, des contestations entre fabricants ou marchands pour les marques, comme il est dit article 6, et, entre un fabricant et ses ouvriers, contre-maîtres, des difficultés relatives aux opérations de la fabrique (1).

TITRE III.

MODE DE NOMINATION ET D'INSTALLATION DES PRUD'HOMMES.

13. Les prud'hommes seront élus dans une assemblée générale, tenue à cet effet : cette assemblée sera convoquée, huit jours à l'avance, par le préfet, présidée par lui ou par celui des fonctionnaires publics de l'arrondissement qu'il désignera.

14. Tout marchand-fabricant, tout chef d'atelier, tout contre-maître, tout teinturier, tout ouvrier désigné dans la loi du 18 mai 1806, qui voudra voter dans l'assemblée, sera tenu de se faire inscrire sur un registre à ce destiné, qui sera ouvert à l'hôtel de ville, nul ne sera inscrit que sur la représentation de sa patente : les faillis seront exclus.

15. Pour la première année seulement de la création du conseil, le maire dressera la liste des votants qui seront seuls admis à l'assemblée.

(1) Voyez ci-dessous l'art. 8 du décret du 12 décem 1812.

16. En cas de contestation sur le droit d'assistance à l'assemblée, soit cette année, soit les années suivantes, il sera statué par le préfet, sauf le recours à notre conseil d'état.

17. Il sera nommé par le préfet ou par celui des fonctionnaires publics qu'il aura désigné pour présider l'assemblée, un secrétaire et deux scrutateurs. L'élection des prud'hommes sera faite au scrutin individuel, à la majorité absolue des suffrages : nul ne pourra être élu, s'il n'a trente ans accomplis (1).

18. Afin de remplacer les prud'hommes qui viendraient à mourir ou à donner leur démission pendant l'exercice de leurs fonctions, il sera nommé deux suppléants, dont l'un d'eux sera choisi parmi

(1) Par *scrutin individuel*, on entend celui auquel on procède en faisant par chaque votant un bulletin particulier pour chaque sujet à élire et sur lequel on n'écrit qu'un seul nom ; il diffère du *scrutin de listes*, en ce que par ce dernier on vote à la fois sur tous les sujets à élire, en écrivant dans le même billet autant de noms qu'il y a de sujets à élire.

On appelle *majorité absolue* celle qui excède la moitié des voix de tous les votants : ainsi une élection à *majorité absolue* est celle pour laquelle il faut réunir au moins une voix en sus de la moitié de tous les suffrages ; au lieu que l'élection à la *majorité relative* est celle pour laquelle il suffit d'avoir obtenu un plus grand nombre de voix que les autres, quel que soit d'ailleurs ce nombre.

Lorsqu'une élection ne peut être faite qu'à la majorité absolue, si un premier scrutin ne produit cette majorité en faveur de personne, on procède à un second, et si ce second ne donne point encore de majorité absolue en faveur d'aucun sujet, dans ce cas le secrétaire tient note des deux personnes qui ont obtenu le plus de suffrages, et l'on passe à un troisième tour de scrutin, lors duquel les votants ne peuvent plus donner leur voix qu'à l'un de ces deux sujets, et alors l'un des deux obtient nécessairement la majorité absolue, à moins que les voix ne se partagent en nombre égal entre eux, auquel cas c'est le plus ancien d'âge qui l'emporte. (Décret du 14 décembre 1789.)

les marchands-fabricants, et l'autre parmi les chefs d'atelier, les contre-maîtres, les teinturiers ou les ouvriers patentés.

19. L'élection terminée, il en sera dressé procès-verbal, qui sera déposé à la mairie. L'assemblée ne pourra délibérer, ni s'occuper d'aucune autre chose que de l'élection.

20. Les prud'hommes prêteront, entre les mains du préfet, ou du fonctionnaire public qui le remplacera, serment d'obéissance aux lois, de fidélité à l'empereur, et de remplir leurs devoirs avec zèle et intégrité.

TITRE IV.

DU BUREAU PARTICULIER ET DU BUREAU GÉNÉRAL DES PRUD'HOMMES.

21. Le bureau particulier des prud'hommes sera composé de deux membres dont l'un sera marchand-fabricant, et l'autre chef d'atelier, contre-maître, teinturier ou ouvrier patenté.

Dans les villes où le conseil est de cinq ou sept membres, ce bureau s'assemblera tous les deux jours, depuis onze heures du matin jusqu'à une heure.

Si le conseil est composé de neuf ou de quinze membres, le bureau particulier tiendra tous les jours une séance qui commencera et finira aux mêmes heures.

22. Les fonctions du bureau particulier sont de concilier les parties : s'il ne le peut, il les renverra devant le bureau général.

23. Le bureau général se réunira une fois par semaine au moins ; il prendra connaissance de toutes les affaires qui n'auraient pu être terminées par la voie de conciliation, quelle que soit la quotité de la somme dont elles seraient l'objet : mais ses jugements ne seront définitifs qu'autant qu'ils porteront sur des

différends qui n'excèderont pas soixante francs en principal et en accessoires. Dans tous les autres cas, il sera libre d'en appeler (1).

24. Le bureau général ne pourra prendre de délibérations, que dans une séance où les deux tiers au moins de ses membres se trouveront présents.

Ses délibérations seront formées par l'avis de la majorité absolue des membres présents (de la moitié, plus un).

25. Il sera nommé par le bureau général des prud'-hommes, un président et un vice-président; ce président et ce vice-président ne seront en exercice que pendant une année, à l'expiration de laquelle il sera procédé à une nouvelle élection : l'un et l'autre sont toujours rééligibles.

26. Il sera attaché au bureau général des prud'-hommes, un secrétaire (2), pour avoir soin des papiers et tenir la plume pendant leurs séances; il sera nommé à la majorité absolue des suffrages : il pourra être révoqué à volonté; mais, dans ce cas, la délibération devra être signée par les deux tiers des prud'-hommes.

27. Les jugements rendus par le bureau général des prud'hommes, lorsque les parties n'auront pu être conciliées par le bureau particulier, seront mis à exécution vingt-quatre heures après la signification, et provisoirement, sauf l'appel devant le tribunal de commerce; ou à défaut de tribunal de commerce, devant le tribunal de première instance. Ils seront signés par le président ou le vice-président, et contre-

(1) Voyez ci-dessous l'art. 1er du décret du 3 août 1810. Voyez également l'art. 2 de ce décret qui étend la juridiction.

(2) D'après l'art. 1er de la loi du 16 ventôse an xi, concernant les fonctionnaires publics et les greffiers des tribunaux et des juges de paix, ce secrétaire doit être âgé au moins de 25 ans. Voyez l'art. 31 du décret du 18 mars 1806.

signés par le secrétaire ; ils seront signifiés à la partie condamnée, par un huissier qui sera attaché au conseil des prud'hommes (1).

28. Dans les cas urgents, les conseils de prud'hommes, de même les bureaux particuliers, pourront ordonner telles mesures qui seront jugées nécessaires, pour empêcher que les objets qui donnent lieu à une réclamation ne soient enlevés, ou déplacés, ou détériorés.

TITRE V.

DES CITATIONS.

29. Tout marchand-fabricant, tout chef d'atelier, tout-contre-maître, tout teinturier, tout ouvrier, compagnon ou apprenti, appelé devant les prud'hommes, sera tenu, sur une simple lettre de leur secrétaire, de s'y rendre en personne au jour et à l'heure fixés, sans pouvoir se faire remplacer, hors le cas d'absence ou de maladie : alors seulement il sera admis à se faire représenter par l'un de ses parents, négociant ou marchand exclusivement, porteur de sa procuration.

30. Si le particulier qui aurait été invité par le secrétaire à se rendre au bureau particulier, ou au bureau général des prud'hommes ne parait point, il lui sera envoyé une citation, qui lui sera remise par l'huissier attaché au conseil. Cette citation, qui contiendra la date des jours, mois et an, les noms, professions et domicile du demandeur, les noms et demeure du défendeur, énoncera sommairement les motifs qui le font appeler.

(1) Il résulte de cet article et des art. 36, 38 42, 60 du décret du 11 juin 1809, que les prud'hommes doivent s'attacher spécialement un huissier chargé exclusivement de faire et signifier tous les actes d'exécution du conseil.

31. La citation sera notifiée au domicile du défendeur; et il y aura un jour au moins entre celui où elle aura été remise, et le jour indiqué pour la comparution, si la partie est domiciliée dans la distance de trois myriamètres; si elle est domiciliée au delà de cette distance, il sera ajouté un jour pour trois myriamètres.

Dans le cas où les délais n'auraient pas été observés, si le défendeur ne paraît point, les prud'hommes ordonneront qu'il lui soit envoyé une nouvelle citation; alors les frais de la première citation seront à la charge du demandeur.

TITRE VI.

DES SÉANCES DU BUREAU PARTICULIER ET DU BUREAU GÉNÉRAL DES PRUD'HOMMES, ET DE LA COMPARUTION DES PARTIES.

32. Au jour fixé par la lettre du secrétaire, ou par la citation de l'huissier, les parties comparaîtront devant le bureau particulier des prud'hommes, sans pouvoir être admises à faire signifier aucunes défenses.

33. Elles seront tenues de s'expliquer avec modération, et de se conduire avec respect : si elles ne le font point, elles seront d'abord rappelées à leurs devoirs par un avertissement du prud'homme marchand-fabricant. En cas de récidive, le bureau particulier pourra les condamner à une amende qui n'excédera pas dix francs, avec affiches du jugement dans la ville où siége le conseil.

34. Dans le cas d'insulte ou d'irrévérence grave, le bureau particulier en dressera procès-verbal, et pourra condamner celui qui s'en sera rendu coupable à un emprisonnement dont la durée ne pourra excéder trois jours (1).

(1) Dans ce cas, le conseil des prud'hommes doit se

35. Les jugements, dans les cas prévus par les deux articles précédents, seront exécutoires par provision.

36. Les parties seront d'abord entendues contradictoirement; le bureau particulier ne négligera rien pour les concilier : s'il ne peut y parvenir, il les renverra, ainsi qu'il est dit à l'art. 22, devant le bureau général, qui statuera sur-le-champ.

37. Lorsque l'une des parties déclarera vouloir s'inscrire en faux, déniera l'écriture, ou déclarera ne pas la reconnaître, le président du bureau général lui en donnera acte; il paraphera la pièce, en renverra la cause devant les juges auxquels en appartient la connaissance.

38. L'appel des jugements des conseils des prud'hommes ne sera pas recevable après les trois mois de la signification faite par l'huissier attaché à ces conseils.

39. Les jugements des conseils de prud'hommes, jusqu'à la concurrence de trois cents francs, seront exécutoires par provision, nonobstant l'appel, et sans qu'il soit besoin, par la partie qui aura obtenu gain de cause, de fournir caution.

40. Les minutes de tout jugement seront portées par le secrétaire sur la feuille de la séance, signées par les prud'hommes qui auront été présents, et contre-signées par lui.

dessaisir sur-le-champ, si le fait excède sa compétence, d'après les lois ou les règlements généraux ; et il ne peut ni réduire aux termes de sa compétence les dispositions pénales déterminées par les lois et les règlements, ni commencer par prononcer l'emprisonnement de trois jours, sauf à faire statuer ultérieurement sur le même fait par les tribunaux.

TITRE VII.

DES JUGEMENTS PAR DÉFAUT, ET DES OPPOSITIONS A CES JUGEMENTS.

41. Si au jour indiqué par la lettre du secrétaire, ou par la citation de l'huissier, l'une des parties ne comparaît pas, la cause sera jugée par défaut, sauf l'envoi d'une nouvelle citation dans le cas prévu au dernier paragraphe de l'art. 31.

42. La partie condamnée par défaut pourra former opposition dans les trois jours de la signification faite par l'huissier du conseil : cette opposition contiendra sommairement les moyens de la partie, et assignation au premier jour de séance du conseil de prud'hommes, en observant toutefois les délais prescrits pour les citations; elle indiquera en même temps les jour et heure de la comparution, et sera notifiée, ainsi qu'il est dit ci-dessus.

43. Si le conseil des prud'hommes sait par lui-même, ou par les représentations qui lui seront faites par les proches voisins ou amis du défendeur, que celui-ci n'a pas été instruit de la contestation, il pourra, en adjugeant le défaut, fixer, pour le délai de l'opposition, le temps qui lui paraîtra convenable; et dans le cas où la prorogation n'aurait été ni accordée d'office, ni demandée, le défaillant pourra être relevé de la rigueur du délai, et admis à opposition, en justifiant qu'à raison d'absence ou de maladie grave il n'a pu être instruit de la contestation.

44. La partie opposante qui se laisserait juger une seconde fois par défaut, ne sera plus admise à former une nouvelle opposition.

TITRE VIII.

DES JUGEMENTS QUI NE SONT PAS DÉFINITIFS, ET DE LEUR EXÉCUTION.

45. Les jugements qui ne seront pas définitifs, ne seront point expédiés quand ils auront été rendus contradictoirement, et prononcés en présence des parties.

Dans le cas où le jugement ordonnerait une opération à laquelle les parties devraient assister, il indiquera le lieu, le jour et l'heure; la prononciation vaudra citation.

46. Toutes les fois qu'un ou plusieurs prud'hommes jugeront devoir se transporter dans une manufacture ou dans des ateliers, pour apprécier, par leurs propres yeux, l'exactitude de quelques faits qui auraient été allégués, ils seront accompagnés de leur secrétaire, qui apportera la minute du jugement préparatoire.

47. Il n'y aura lieu à l'appel des jugements préparatoires qu'après le jugement définitif, et conjointement avec l'appel de ce jugement. Mais l'exécution des jugements préparatoires ne portera aucun préjudice aux droits des parties sur l'appel, sans qu'elles soient obligées de faire à cet égard aucune protestation ni réserve.

TITRE IX.

DES ENQUÊTES.

48. Si les parties sont contraires en faits de nature à être constatés par témoins, et dont le conseil de prud'hommes trouve la vérification utile et admissible, il ordonnera la preuve, et en fixera précisément l'objet.

49. Au jour indiqué, les témoins, après avoir dit leurs noms, professions, âge et demeure, feront le serment de dire la vérité, et déclareront s'ils sont parents ou alliés des parties, et à quel degré, et s'ils sont leurs serviteurs ou leurs domestiques.

50. Ils seront entendus séparément, hors, comme en la présence des parties, ainsi que le conseil l'avisera bien : les parties seront tenues de fournir leurs reproches avant la déposition, et de les signer; si elles ne le savent ou ne le peuvent, il en sera fait mention.

51. Les parties n'interrompront point les témoins; après la déposition, le président du conseil des prud'hommes pourra, sur la réquisition des parties, et même d'office, faire aux témoins les interpellations qu'il jugera convenables.

52. Dans les causes sujettes à l'appel, le secrétaire du conseil dressera procès-verbal de l'audition des témoins : cet acte contiendra leurs noms, prénoms, profession et demeure, leur serment de dire la vérité, leur déclaration s'ils sont parents, alliés, serviteurs ou domestiques des parties, et les reproches qui auraient été fournis contre eux. Lecture de ce procès-verbal sera faite à chaque témoin, pour la partie qui le concerne. Il signera sa déposition, ou mention sera faite qu'il ne sait ou ne peut signer; le procès-verbal sera en outre signé par le président du conseil, et contre-signé par le secrétaire. Il sera procédé immédiatement au jugement, ou au plus tard à la première séance.

53. Dans les causes de nature à être jugées en dernier ressort, il ne sera point dressé de procès-verbal; mais le jugement énoncera les noms, âge, profession et demeure des témoins, leur serment, leur déclaration s'ils sont parents, alliés, serviteurs ou domestiques des parties, les reproches et le résultat des dépositions.

TITRE X.

DE LA RÉCUSATION DES PRUD'HOMMES.

54. Un ou plusieurs prud'hommes pourront être récusés, 1º quand ils auront un intérêt personnel à la contestation ;

2º Quand ils seront parents ou alliés de l'une des parties, jusqu'au degré de cousin-germain inclusivement ;

3º Si dans l'année qui a précédé la récusation, il y a eu procès criminel entre eux et l'une des parties, ou son conjoint, ou ses parents et alliés en ligne directe ;

4º S'il y a procès civil existant entre eux et l'une des parties ou son conjoint ;

5º S'ils ont donné un avis écrit dans l'affaire.

55. La partie qui voudra récuser un ou plusieurs prud'hommes, sera tenue de former la récusation, et d'en exposer les motifs par un acte qu'elle fera signifier au secrétariat du conseil par le premier huissier requis. L'exploit sera signé sur l'original, et la copie par la partie ou son fondé de pouvoir. La copie sera déposée sur le bureau du conseil, et communiquée immédiatement au prud'homme qui sera récusé.

56. Le prud'homme sera tenu de donner au bas de cet acte, dans le délai de deux jours, sa déclaration par écrit, portant ou son acquiescement à la récusation, ou son refus de s'abstenir, avec ses réponses aux moyens de récusation.

57. Dans les trois jours de la réponse du prud'homme qui refuse de s'abstenir, ou faute par lui de répondre, une expédition de l'acte de récusation, et de la déclaration du prud'homme, s'il y en a, sera envoyée par le président du conseil au président du tribunal de commerce dans le ressort duquel le conseil est situé. La récusation y sera jugée en dernier

ressort dans la huitaine, sans qu'il soit besoin d'appeler les parties.

TITRE XI.

DES SOMMES QUI SERONT PAYÉES AUX SECRÉTAIRES DES PRUD'HOMMES, AUX GREFFIERS DES TRIBUNAUX, ET AUX HUISSIERS.

58. Les parties pourront toujours se présenter volontairement devant les prud'hommes pour être conciliées par eux. Dans ce cas, elles seront tenues de déclarer qu'elles demandent leurs bons offices. Cette déclaration sera signée par elles, ou mention en sera faite, si elles ne savent signer. Il ne sera rien payé pour cet objet.

59. Il sera payé aux secrétaires des conseils de prud'hommes les sommes suivantes :

Pour la lettre d'invitation de se rendre au conseil 30 cent.

Pour chaque rôle d'expédition qu'ils délivreront, et qui contiendra vingt lignes à la page, et dix syllabes à la ligne, 40 c.

Pour expédition du procès-verbal, qui contiendra que les parties n'ont pu être conciliées, et qui ne doit contenir qu'une mention sommaire qu'elles n'ont pu s'accorder, 80 c.

Pour expédition du procès-verbal, qui constatera le dépôt du modèle d'une marque, 3 fr.

60. Il est alloué les sommes suivantes :

Au greffier du tribunal de commerce, pour expédition du procès-verbal qui constatera le dépôt du modèle d'une marque, 3 fr.

A l'huissier attaché au conseil des prud'hommes, pour chaque citation, 1 fr. 25 c.

S'il y a une distance de plus d'un demi-myriamètre entre la demeure de l'huissier et le lieu où devront être remises la citation et la signification, il sera payé par myriamètre, aller et retour :

Pour la citation, 1 fr. 75 c.

Pour la signification, 2 fr.

Pour la copie des pièces qui pourra être donnée avec les jugements rendus, il sera payé à l'huissier, par chaque rôle d'expédition de vingt lignes à la page et de dix syllabes à la ligne, 20 c.

61. Il sera taxé aux témoins entendus par les conseils de prud'hommes une somme équivalente à une journée de travail, même à une double journée, si le témoin a été obligé de se faire remplacer dans sa profession. Cette taxation est laissée à la prudence des conseils.

Si le témoin n'a pas de profession, il lui sera taxé 2 fr.

Il ne lui sera point passé de frais de voyage, s'il est domicilié dans le canton, et à une distance de plus de deux myriamètres et demi du lieu où il fera sa déposition ; il lui sera alloué autant de fois une somme double de journée de travail, où une somme de quatre francs, qu'il y aura de fois cinq myriamètres de distance entre son domicile et le lieu où il aura déposé.

62. Au moyen de la taxation dont il est question dans les art. 59, 60 et 61, les frais de papier, de registre et d'expédition, seront à la charge des secrétaires des conseils de prud'hommes, et des greffiers des tribunaux de commerce.

63. Tout secrétaire de conseil de prud'hommes, tout greffier de tribunaux de commerce, tout huissier, convaincu d'avoir exigé une taxe plus forte que celle qui leur est allouée, sera puni comme concussionnaire.

TITRE XII.

DISPOSITIONS GÉNÉRALES.

—

SECTION Ire.

De l'inspection des prud'hommes dans les ateliers, et du livret dont les ouvriers doivent être pourvus.

64. L'inspection dans les ateliers, autorisée par l'art. 29, titre IV de la loi du 18 mars 1805, n'aura lieu qu'après que le propriétaire de l'atelier aura été prévenu deux jours avant celui où les prud'hommes devront se rendre dans son domicile : celui-ci est tenu de leur donner un état exact du nombre de métiers qu'il a en activité et des ouvriers qu'il occupe.

65. L'inspection des prud'hommes a pour objet unique d'obtenir des informations sur le nombre des métiers et ouvriers ; et, en aucun cas, ils ne peuvent en profiter pour exiger la communication des livres d'affaires, et des procédés nouveaux de fabrication que l'on voudrait tenir secrets.

66. Si, pour effectuer leur inspection, les prud'hommes ont besoin du concours de la police municipale, cette police est tenue de leur fournir tous les renseignements et toutes les facilités qui sont en son pouvoir.

67. Les conseils de prud'hommes ne peuvent s'immiscer dans la délivrance des livrets dont les ouvriers doivent être pourvus aux termes de la loi du 22 germinal de l'an XI. Cette attribution est exclusivement réservée aux maires ou à leurs adjoints.

SECTION II.

Du local où seront placés les conseils de prud'-hommes, et des frais qu'entraînera la tenue de leurs séances.

68. Le local nécessaire aux conseils des prud'hommes, pour la tenue de leurs séances, sera fourni par les villes où ils seront établis.

69. Les dépenses de premier établissement seront pareillement acquittées par ces villes ; il en sera de même des dépenses ayant pour objet le chauffage, l'éclairage et les menus frais.

70. Le président du conseil des prud'hommes présentera, chaque année, au maire, l'état des dépenses désignées dans l'article ci-dessus : celui-ci le comprendra dans son budget ; et lorsqu'elles auront été approuvées, il en ordonnera le paiement d'après les demandes particulières qui lui seront faites (1).

71. Notre ministre de l'intérieur et notre grand-juge, ministre de la justice, sont chargés, chacun en ce qui le concerne, de l'exécution du présent décret.

---

3 *août* 1810.

Décret impérial concernant la juridiction des prud'hommes.

TITRE PREMIER.

DE LA JURIDICTION DES PRUD'HOMMES POUR LES INTÉRÊTS CIVILS.

Art. 1er. Les conseils de prud'hommes sont auto-

(1) Les frais de bureau proprement dits, les appointe-

risés à juger toutes les contestations qui naîtront entre les marchands-fabricants, chefs d'atelier, contremaîtres, ouvriers, compagnons et apprentis, quelle que soit la quotité de la somme dont elles seraient l'objet, aux termes de l'art. 23 de notre décret du 11 juin 1809.

2. Leurs jugements seront définitifs et sans appel, si la condamnation n'excède pas cent francs en capital et accessoires.

Au-dessus de cent francs, ils seront sujets à l'appel devant le tribunal de commerce de l'arrondissement ; et à défaut de tribunal de commerce, devant le tribunal civil de première instance.

5. Les jugements des conseils de prud'hommes, jusqu'à concurrence de trois cents francs, seront exécutoires par provision, nonobstant appel, aux termes de l'art. 27 du décret du 11 juin 1809, et sans qu'il soit besoin, pour la partie qui aura obtenu gain de cause, de fournir caution.

Au-dessus de trois cents francs, ils seront exécutoires par provision, en fournissant caution.

TITRE II.

ATTRIBUTION DES PRUD'HOMMES EN MATIÈRE DE POLICE.

4. Tout délit tendant à troubler l'ordre et la discipline de l'atelier, tout manquement grave des apprentis envers leurs maîtres, pourront être punis par les prud'hommes, d'un emprisonnement qui n'excèdera pas trois jours, sans préjudice de l'exécution de l'art. 19, titre V de la loi du 22 germinal an XI,

ments du secrétaire et d'un commis, les frais de transport, visites dans les fabriques, manufactures, etc., font partie de ces dépenses.

et de la concurrence des officiers de police et des tri-bunaux (1).

L'expédition du prononcé des prud'hommes, cer-tifié par leur secrétaire, sera mise à exécution par le premier agent de police ou de la force publique, sur ce requis.

5. Notre grand-juge et notre ministre de l'intérieur sont chargés, chacun en ce qui le concerne, de l'exé-cution du présent décret.

ORDONNANCE DU ROI

QUI AUTORISE LES MEMBRES DES CONSEILS DE PRUD'HOMMES A PORTER UNE MARQUE DISTINCTIVE DANS L'EXERCICE DE LEURS FONCTIONS.

12 novembre 1828.

Charles, etc.

Vu la loi du 18 mars 1806, les décrets des 3 juillet 1806, 11 juin 1809, 20 février et 3 août 1810, portant création de conseils de prud'hommes en diverses villes de notre royaume, et qui, en leur donnant le caractère d'officiers publics, règlent l'exercice de leur juridiction, les chargent de constater les con-

---

(1) Le mot délit doit être compris ici dans son sens géné-rique. Les *délits tendant à troubler l'ordre et la tranquillité publique* ne peuvent être que des contraventions de simple police; voyez le Code pénal : mais s'ils étaient de nature à entraîner une peine correctionnelle, la connaissance de-vrait en être déférée aux tribunaux compétents.

L'art. 19 de la loi du 22 germinal an XI est nécessaire-ment inapplicable en partie. Ce ne sont plus les préfets ou les commissaires de police qui jugent les fautes de police municipale, ni les maires, si ce n'est hors des chefs-lieux de canton.

4

traventions aux lois et règlements en fait d'industrie, et les autorise à faire des visites et vérifications dans les manufactures et fabriques ;

Sur le rapport de notre garde des sceaux, notre secrétaire d'état au département de la justice, notre conseil d'état entendu ;

Nous avons ordonné, etc.

ART. 1er. Les membres des conseils des prud'hommes porteront dans l'exercice de leurs fonctions, soit à l'audience, soit au dehors, une médaille d'argent suspendue à un ruban noir en sautoir, le tout conformément au modèle ci-annexé.

2. Notre garde des sceaux, ministre-secrétaire d'état au département de la justice, et notre ministre secrétaire d'état au département du commerce sont chargés, chacun en ce qui le concerne, de l'exécution de la présente ordonnance, qui sera insérée au Bulletin des lois.

---

5 juillet 1809.

Décision générale, relative aux droits de timbre et d'enregistrement dont sont passibles les procès-verbaux, jugements et actes du conseil des prud'-hommes.

Le ministre des finances, après s'être concerté avec le ministre de l'intérieur, a rendu, le 20 juin 1829, une décision générale sur les droits de timbre et d'enregistrement dont sont passibles les procès-verbaux, jugements et actes du conseil des prud'-hommes.

Elle porte, 1o que les actes et procès-verbaux du bureau de conciliation des prud'hommes seront assujettis à l'enregistrement sur la minute, ainsi qu'y sont soumis, par la loi du 22 frimaire an VII, les actes de l'espèce des bureaux de conciliation de la justice de paix ;

2° Que les jugements prononcés par le bureau général, ou conseil de prud'hommes, doivent être enregistrés sur la minute ou sur l'expédition, suivant les distinctions que la loi de frimaire indique ;

3° Que les citations, pour appeler devant les prud'hommes celles des parties qui n'auraient pas comparu, ainsi que toute signification des actes ou jugements de ces magistrats, doivent être enregistrées dans les quatre jours de leur date, et inscrites sur le répertoire, quel que soit l'officier qui ait instrumenté ;

4° Que ces procès-verbaux, jugements et actes, seront enregistrés gratis toutes les fois qu'ils constateront que l'objet de la contestation n'excède pas en total la somme de 25 fr. ;

5° Que les actes et jugements concernant des contestations ayant pour objet une somme au-dessus de 25 fr., seront passibles du droit réglé pour les actes de la justice de paix ;

6° Qu'à défaut de désignation de la somme faisant la matière du différend, les citations, significations ou actes, ainsi que les procès-verbaux du bureau de conciliation, ou le jugement du conseil, seront soumis au droit fixe d'un franc ;

7° Que le secrétaire dudit conseil doit remplir les obligations imposées aux greffiers des juges de paix ; que, conséquemment, il est tenu de rédiger, sur une feuille ou sur un registre d'audience, en papier timbré, tous les jugements rendus, et de porter, jour par jour, sur un répertoire, les actes qui, d'après l'art. 49 de la loi de frimaire, doivent y être inscrits ;

8° Que les procès-verbaux du conseil des prud'hommes qui, d'après les plaintes qui pourraient lui être adressées, constatent, 1. les contraventions aux lois et règlements nouveaux, ou remis en vigueur ; 2. les soustractions de matières premières qui pourraient être faites par les ouvriers, au préjudice des fabricants, et les infidélités commises par les teinturiers, seront enregistrés gratis dans les vingt jours de leur date ;

9° Que les certificats de dépôt de dessins délivrés aux fabricants qui l'ont effectué, recevront gratis la formalité,

10° Enfin, que les doubles livres d'acquit, dont tous les chefs d'ateliers seront tenus de se pourvoir pour chacun des métiers qu'ils font travailler, seront sur papier timbré ; mais, que les trois registres tenus par le conseil des prud'hommes, pour y inscrire : 1° le dépôt des dessins faits par les fabricants ; 2° les livres d'acquit ; 3° et le nombre de métiers existants, et le nombre d'ouvriers de tous genres employés dans la fabrique, font partie de ceux que la loi de brumaire excepte du droit de timbre.

Il résulte de cette décision que la loi sur le timbre doit, dans tous les cas, être maintenue ; que, si l'enregistrement gratis est autorisé lorsqu'il s'agit d'affaires qui n'excèdent pas 25 francs, la formalité n'en est pas moins de rigueur, quelque modique que soit la somme, et que tous les actes devant être enregistrés, les préposés ont la faculté de reconnaître ceux qui sont assujettis aux droits, et ceux qui en sont disensés.

Article 29, titre IV de l'instruction qui précède.

Le secrétaire du conseil doit, par une suite nécessaire, jouir de la faveur que l'art. 37 de la loi sur l'enregistrement accorde aux greffiers, relativement aux droits qui n'ont pas été avancés par les parties, et être admis à fournir les extraits que cet article prescrit de délivrer. Enfin, le secrétaire doit être assujetti, comme le greffier du juge de paix y est soumis pour les actes qui émanent du tribunal auprès duquel il est placé, à porter sur une feuille ou registre d'audience, en papier timbré, tous les jugements rendus par les prud'hommes, et à tenir, ainsi que l'officier qui remplit auprès du conseil les fonctions d'huissier, un répertoire pour y inscrire, jour par jour, les actes qui, d'après la loi du 22 frimaire an VII, doivent y être consignés.

Titre II.

LOIS COMPLÉMENTAIRES.

DES MARQUES.

23 nivose an ix.

Arrêté relatif à la marque des ouvrages de quincaillérie et de coutèllerie.

La fabrique de quincaillerie et de coutellerie de la république est autorisée à frapper ses ouvrages d'une marque particulière assez distincte des autres marques, pour ne pouvoir être confondue avec elles : la propriété de cette marque ne sera assurée qu'à ceux qui l'auront fait empreindre sur des tables communes déposées à cet effet dans une des salles du chef-lieu de la sous-préfecture. Il leur sera délivré un titre qui constatera le dépôt (1).

(1) Voyez le décret du 5 septembre 1810 ci-dessous, pour la sanction de cet arrêté.

5 septembre 1810.

Décret impérial contenant des dispositions tendant à prévenir ou à réprimer la contrefaçon des marques que les fabricants de quincaillerie sont autorisés à mettre sur leurs ouvrages.

TITRE PREMIER.

DISPOSITIONS GÉNÉRALES.

ART. 1er. Il est défendu de contrefaire les marques que, par un arrêté du 23 nivose an IX, les fabricants de quincaillerie et de coutellerie sont autorisés à mettre sur leurs ouvrages ; tout contrevenant à cette disposition sera puni, pour la première fois, d'une amende de 300 fr. dont la moitié sera versée dans la caisse des hospices de la commune : en cas de récidive, cette amende sera double, et il sera condamné à un emprisonnement de six mois.

2. Les objets contrefaits seront saisis et confisqués au profit du propriétaire de la marque, le tout sans préjudice des dommages et intérêts qu'il y aura lieu de lui adjuger.

3. Nul ne sera admis à intenter action en contrefaçon de sa marque, s'il n'a fait empreindre cette marque sur les tables communes établies à cet effet, et déposées au tribunal de commerce selon l'art. 18 de la loi du 22 germinal an XI.

4. Dans les villes où il y a des conseils de prud'hommes, les tables seront déposées en outre au secrétariat de ces conseils, selon l'art. 7 du décret du 11 juin 1809.

5. Il sera dressé procès-verbal des dépôts sur un registre en papier timbré ouvert à cet effet, et qui sera coté et paraphé. Une expédition de ce procès-verbal

sera remise au propriétaire de la marque pour lui servir de titre contre les contrefacteurs.

6. Tout particulier qui voudra s'assurer la propriété de sa marque, est tenu, conformément à l'article 9 du décret du 11 juin 1809, de verser une somme de six francs entre les mains du receveur de la commune. Cette somme, ainsi que toutes les autres qui seront comptées pour le même objet, seront mises à la disposition des prud'hommes ou du maire, et destinées à faire l'acquisition des tables, et à les entretenir. Le préfet en surveillera l'acquisition.

7. Il sera payé trois francs pour l'expédition du procès-verbal de dépôt.

TITRE II.

DE LA SAISIE DES OBJETS DONT LA MARQUE AURAIT ÉTÉ CONTREFAITE, ET MODE DE PROCÉDER CONTRE LES CONTREFACTEURS.

8. La saisie des ouvrages dont la marque aura été contrefaite, aura lieu sur la simple réquisition du propriétaire de cette marque; les officiers de police sont tenus de l'effectuer sur la présentation du procès-verbal de dépôt; ils renverront ensuite les parties devant le conseil de prud'hommes, s'il y en a un dans la commune : s'il n'y en a point, le juge de paix du canton prendra connaissance de l'affaire.

9. Le conseil de prud'hommes, ou le juge de paix, entendra d'abord les parties et leurs témoins; il prononcera ensuite son jugement, qui sera mis à exécution sans appel ou à la charge de l'appel, avec ou sans caution, conformément aux dispositions du décret du 3 août 1810.

10. Dans le cas où la dénonciation pour contrefaçon ne serait point fondée, celui qui l'aura faite sera condamné à des dommages et intérêts proportionnés au trouble et au préjudice qu'il aura causés.

11. Tout jugement emportant condamnation, rendu en matière de contrefaçon d'une marque, sera imprimé et affiché aux frais du contrefacteur. Les parties ne pourront, en aucun cas, transiger sur l'affiche et la publication.

1ᵉʳ *avril* 1811.

Décret impérial tendant à prévenir ou réprimer la fraude dans la fabrication des savons.

ART. 1ᵉʳ. Tout fabricant de savon dans l'étendue des terres de l'empire français, sera tenu d'apposer sur chaque brique de savon sortant de sa fabrique une marque déposée au tribunal de commerce et au secrétariat du conseil des prud'hommes, selon l'art. 18 de la loi du 22 germinal an XI, et l'art. 7 du décret du 11 juin 1809.

2. Cette marque sera différente pour le savon fabriqué à l'huile d'olive, pour celui fabriqué à l'huile de graines, et pour celui fabriqué au suif ou à la graisse.

3. Tout savon non marqué, ou tout savon marqué comme savon à l'huile, quoi qu'il soit à la graisse, ou marqué d'une fausse marque, sera saisi dans les magasins des fabricants, ou chez les marchands, à la diligence des prud'hommes, de tout officier de police municipale et judiciaire, ou à la réquisition de toute partie intéressée, et la confiscation en sera prononcée par les autorités compétentes, moitié au profit des hospices, l'autre moitié au profit des officiers de police ou des parties requérantes, sans préjudice d'une amende qui ne pourra excéder 3000 fr., et sera double dans les cas de récidive, ou d'autres peines portées par les lois et règlements.

4. Tout fabricant convaincu, par la décomposition, d'avoir fraudé dans la fabrication du savon, par

l'introduction d'une quantité surabondante d'eau ou de substance propre à en altérer la qualité, sera poursuivi, et son savon confisqué, comme il est dit articles précédents, sans préjudice des dommages et intérêts s'il y a lieu.

5. Les prud'hommes des villes où il y a des fabriques de savon, auront sur les magasins où le savon fabriqué se dépose, ou dans les lieux de débit, le droit d'inspection pour l'exécution des articles précédents, indépendamment de la juridiction qui leur est attribuée par les lois et règlements.

6. Le présent décret n'est applicable qu'aux savons destinés aux blanchisseries, teintures et dégraissages, et non à la fabrication des savons de luxe et de toilette.

------

22 décembre 1812.

Décret qui établit une marque particulière pour les savons à l'huile fabriqués à Marseille.

Art. 1er. La forme des marques prescrites par notre décret du 18 septembre 1811, continuera d'être employée dans toutes les fabriques de savon de notre empire : ces fabriques les mettront, en conséquence, sur tous les savons qui sortiront de leurs ateliers.

2. A compter de ce jour, la ville de Marseille, département des Bouches-du-Rhône, aura une marque particulière pour ses savons à l'huile d'olive; cette marque présentera un pentagone dans le milieu duquel seront, en lettres rentrées, ces mots, *huile d'olive*, et à la suite le nom du fabricant et celui de la ville de Marseille.

3. Tout particulier établi dans une ville autre que celle de Marseille, qui versera dans le commerce des savons revêtus de la marque accordée par l'article

précédent, sera puni pour la première fois, d'une amende de mille francs ; en cas de récidive, cette amende sera double : les savons seront en outre confisqués. Le montant de cette confiscation et de l'amende sera versé dans la caisse des hospices du lieu où les savons auront été vendus; et dans le cas où il n'y aurait point d'établissement de ce genre, dans celle des hospices de la commune voisine.

4. La saisie des savons revêtus de la marque appartenant à la ville de Marseille aura lieu sur la réquisition des autorités constituées de cette ville, ou de ceux de ses fabricants qui seraient munis de leur patente. Les contestations auxquelles elle donnera lieu seront portées devant nos cours et tribunaux comme matière de police.

5. Dans le cas où la plainte en usurpation de la marque ne serait point fondée, celui qui l'aura faite sera condamné à des dommages-intérêts proportionnés au trouble et au préjudice qu'il aura causé.

6. S'il était fabriqué à Marseille des savons avec de l'huile de graines, du suif ou de la graisse, alors la marque sera la même que celle qui est prescrite pour les savons de cette nature, par notre décret du 18 septembre 1811, notre intention étant qu'on applique exclusivement aux briques de savons à l'huile d'olives fabriquées à Marseille celle dont la forme présentera un pentagone.

7. Il n'est point dérogé aux dispositions énoncées au titre IV de la loi du 22 germinal an XI, lesquelles dispositions seront affichées de nouveau dans les villes de fabriques à la diligence de notre ministre des manufactures et du commerce.

21 *septembre* 1807.

Décret impérial contenant règlement pour la fabrication des draps destinés au commerce du Levant.

NAPOLÉON, etc.;

Vu les mémoires présentés par les chambres de commerce de Marseille, Carcassonne, Montpellier, etc.;

Vu les arrêtés portant règlement, des 22 octobre 1697, 20 novembre 1708 et 15 janvier 1752...

TITRE PREMIER.

DE L'ESTAMPILLE IMPÉRIALE, ET DES CONDITIONS AUXQUELLES LES DRAPS DESTINÉS POUR LE LEVANT SERONT ASSUJETTIS POUR EN ÊTRE REVÊTUS.

ART. 1er. Les draps destinés pour le Levant pourront être marqués d'une estampille qui en garantira la bonne qualité, les dimensions et la nature de la fabrication.

2. Tous les draps destinés à recevoir l'estampille impériale, devront réunir les conditions indiquées pour chaque lieu de fabrication.

3. Pour la fabrique des départements de l'Ardèche, de l'Aude, du Gard, de la Haute-Garonne, de l'Hérault, de la Lozère, du Tarn, les draps fabriqués dans les espèces et les qualités ci-après désignées devront porter au moins le nombre de fils déterminé dans le tableau ci-annexé, sur les dimensions et avec les lisières qui y sont fixées.

GENRES.	QUALITÉS.	NOMBRE de fils.	LARGEUR sur le métier entre la lisière.		LARGEUR après les apprêts entre les lisières.		COULEUR DES LISIÈRES.
			M.	C.	M.	C.	
Mahoux......	Chaly...	3600	2	48	1	59	Blanche ; conserver à la toile un fil blanc entre le drap.
Idem.......	Premiers.	3400	2	48	1	59	Cerise foncée, brun, noir et blanc.
Idem......	Seconds..	3000	2	38	1	59	Noire et blanche.
Londrin 1er ..	1re qualité	3200	2	38	1	49	Verte, rose et blanche.
Idem......	2e idem..	2800	2	38	1	49	Verte et blanche.
Londrin 2e...	1re idem..	2600	2	30	1	39	Bleu foncé et blanche.
Idem......	2e idem..	2400	2	30	1	39	Bleue et blanche.
Idem......	3e idem..	2000	2	30	1	39	Bleu clair et blanche.
Londres large.	....	2600	2	53	1	49	Blanche.
Londres....	....	2000	2	38	1	39	Noir.
Nîmes.....	....	2200	2	38	1	56	Brune et blanche.
Seizains.....	....	1600	2	23	1	19	Blanche et noire.
Abouéhouchon	......	1600	2	38	1	66	Idem.

Le susdit tableau pourra être modifié d'après les connaissances que procurera le commerce du Levant. Il sera dressé pareil tableau pour chaque fabrique travaillant pour le Levant.

4. Lesdits draps devront être de bon teint.

Ils devront être bien conditionnés, et exempts de tous défauts, comme taches, trous, barres, etc.

S'il se trouvait cependant qu'une pièce de drap ne renfermât que deux ou trois défauts au plus, elle pourrait être admise à l'estampille, en indiquant le défaut par un fil blanc à la lisière.

5. Les draps seront uniformes en force et en bonté dans toute l'étendue de la pièce, et ne pourront les tisserands employer des laines d'autre qualité dans une partie de la pièce que dans le reste.

6. La pièce de drap devra porter le nom du fabricant, le lieu de la fabrique, et la désignation de la qualité de fabrication.

7. Des matrices de toutes les espèces et qualités de tissus destinés au commerce du Levant, portant un mètre de long sur toute la largeur de l'étoffe, seront adressées par le ministre de l'intérieur aux bureaux de vérification et de contrôle indiqués dans le titre suivant, pour servir aux fabricants de modèles auxquels ils seront tenus de se conformer dans la confection des susdits tissus, et de terme de comparaison aux vérificateurs.

Les vérificateurs ne jugeront que d'après la matrice, dans les lieux de fabrique pour lesquels les règlements portant fixation du nombre des fils n'auront pas encore été arrêtés.

8. Le nombre des pièces contenues dans un ballot, la largeur et la longueur de chacune d'elles, seront énoncés dans la facture annexée audit ballot.

9. La carte d'échantillon contenue dans la facture et annexée sous le même numéro et la même marque au ballot expédié, devra être rigoureusement conforme aux espèces et qualités qui composeront ce ballot, et faire mention des fils qui peuvent se trouver dans la lisière de quelques pièces.

TITRE II.

DES FORMES SUIVANT LESQUELLES L'ESTAMPILLE SERA APPOSÉE.

10. Il sera établi, dans chaque ville où se fabri-

quent des draps destinés pour le Levant, un vérificateur dépositaire du poinçon de l'estampille impériale, et chargé d'examiner si les draps destinés à la recevoir réunissent les conditions prescrites par les articles précédents.

11. Ledit vérificateur sera assisté de quatre jurés pris parmi les fabricants les plus anciens et les mieux réputés, lesquels seront, à cet effet, désignés par le préfet, sur la présentation de la chambre de commerce.

Les prud'hommes seront chargés de ces fonctions dans les villes où cette institution aura été autorisée.

12. Les draps seront présentés au vérificateur et aux jurés, après le foulage et les autres apprêts.

On procédera à cette vérification par l'examen détaillé de toutes les conditions désignées dans le titre Ier, par l'épreuve des couleurs, et par la comparaison des tissus avec les matrices.

Les draps ne pourront être retenus plus de trois jours pour cette visite.

13. Si la pièce de drap a été reconnue réunir les conditions exigées, il lui sera apposé un plomb portant l'estampille impériale.

Si la carte d'échantillon a été reconnue fidèle, elle recevra un sceau avec la signature du vérificateur.

14. La marque, les plombs et sceaux porteront ces mots : ESTAMPILLE IMPÉRIALE.

Ils indiqueront aussi l'espèce et la qualité du tissu.

Les susdites désignations seront exprimées en français et en arabe.

15. Le vérificateur sera nommé par le ministre de l'intérieur : il ne pourra, dans aucun cas, être pris parmi les fabricants en activité.

Il jouira d'un traitement de 1,800 à 3,000 fr.

16. Il sera établi dans les villes et ports de Marseille, Gènes, Anvers, Turin et Mayence, des bureaux de contrôle pour la vérification des draps des-

tinés pour le Levant et revêtus de l'estampille impériale. Le bureau de contrôle sera placé auprès du bureau de la douane.

17. Le contrôleur examinera :

1° Si l'estampille n'aurait point été contrefaite;

2° La composition du ballot, et vérifiera s'il renferme bien le nombre des pièces annoncées et dans les dimensions indiquées par la facture.

Dans le cas de doute sur le premier point, le contrôleur en écrira aux vérificateurs respectifs, pour faire procéder, s'il y a lieu, à un nouvel examen et rapport.

Le ballot vérifié sera revêtu d'un plomb adhérent à la toile d'emballage.

18. Le contrôle terminé, et s'il a donné le résultat prescrit par l'article précédent, le contrôleur en délivrera un certificat, qui sera transmis avec le ballot au bureau des douanes près duquel sera placé le bureau du contrôleur.

Défenses très-expresses sont faites aux employés des douanes de laisser expédier pour le Levant aucun des susdits ballots estampillés, s'ils ne sont accompagné du certificat désigné ci-dessus.

19. Les contrôleurs seront nommés comme les vérificateurs et jouiront du même traitement.

20. Les vérificateurs et les contrôleurs tiendront un registre, lequel contiendra la date du jour où le drap aura été apporté à la visite, et le résultat de la vérification et du contrôle.

Les prud'hommes ou les jurés signeront à chaque séance le registre du vérificateur.

Le registre du vérificateur indiquera le bureau d'expédition par lequel les draps devront être exportés à la sortie.

Les vérificateurs adresseront chaque semaine, aux contrôleurs respectifs, un état certifié, portant le relevé de leur registre pour les draps qui doivent être envoyés à leurs contrôles.

Les vérificateurs et contrôleurs adresseront chaque mois au ministre de l'intérieur le relevé de leurs opérations.

21. Les types et modèles de l'estampille impériale, les plombs, les sceaux et les matrices, seront adressés à tous les ambassadeurs et consuls de S. M. en Turquie, en Égypte et dans les Echelles du Levant.

22. Les contrôleurs et vérificateurs seront tenus de verser à la caisse d'amortissement un cautionnement égal au double de leur traitement annuel.

23. Les types et modèles de l'estampille impériale, les plombs, les sceaux, les matrices seront adressés aux bureaux des douanes des villes et ports indiqués à l'art. 16.

24. Le fabricant ou négociant qui serait convaincu d'avoir contrefait, falsifié l'estampille impériale, de l'avoir dérobée ou transportée sur une pièce différente de celle vérifiée, sera puni conformément à l'art. 5 de la loi du 22 germinal an XI.

25 Dans le cas où l'estampille impériale aurait été falsifiée dans l'étranger, les ministres et consuls de S. M. feront poursuivre les auteurs de la contrefaçon, comme coupables de crime de faux, devant les autorités locales, et d'après la législation établie dans le pays où le délit aurait été commis ; le tout sans préjudice de la juridiction consulaire exercée sur les Français, d'après les lois et les conventions établies.

26. Notre grand-juge ministre de la justice, nos ministres de l'intérieur, des relations extérieures et des finances sont chargés, etc.

22 *décembre* 1812.

Décret portant que toutes les manufactures de draps de l'empire pourront obtenir l'autorisation de mettre à leurs produits une lisière particulière à chacune d'elles.

(Suit la teneur du décret du 25 juillet 1810, sanctionné dans l'article 6 de celui ci-dessous.)

—

TITRE PREMIER.

DISPOSITIONS GÉNÉRALES.

Art. 1er. Toutes les manufactures de draps de notre empire sont admises à participer à la faveur qui a été accordée à celle de Louviers : elles pourront, en conséquence, obtenir l'autorisation de mettre à leurs produits une lisière qui sera particulière à chacune d'elle.

2. Les fabriques qui désireront obtenir une lisière exclusive, seront tenues d'en adopter une tellement distincte, qu'on ne puisse la confondre avec celle que d'autres villes auraient déjà obtenues, dont, par conséquent, elles auraient la possession exclusive. Ces lisières seront accordées d'après le vœu qu'émettront les chambres de commerce ou les chambres consultatives de manufactures qui joindront à leurs délibérations un modèle de celle qui leur aura paru devoir être choisie de préférence. La demande sera d'abord communiquée au préfet, qui examinera si elle est de nature à être accueillie. Il la transmettra ensuite, avec son avis, à notre ministre des manufactures et du commerce, pour, sur son rapport, être statué par nous en conseil d'état.

3. La lisière ayant pour objet d'indiquer quelle est la manufacture qui a confectionné les produits, il

est ordonné aux fabricants de la ville à laquelle il en aura été accordé une de la mettre aux draps qu'ils seront dans le cas d'établir. Ceux qui ne se conformeront pas à cette disposition, seront punis conformément à l'article 479 du Code pénal. L'amende sera double en cas de récidive. Le montant des amendes sera versé dans la caisse des hospices de la commune.

4. Lorsqu'une ville aura obtenu une lisière exclusive, les fabricants des autres villes auront un délai de six mois pour achever celles des pièces de drap qu'ils auront commencées avec cette lisière : à l'expiration de ce délai, il leur est défendu de l'employer. Tout contrevenant à cette défense sera poursuivi conformément à ce qui est dit pour les marques particulières, art. 16 de la loi du 22 germinal an XI.

5. Les poursuites pour raison de contrefaçon d'une lisière ne pourront être dirigées contre les débitants, à moins que, pris en contravention, ils ne se refusent à donner les renseignements nécessaires pour faire découvrir l'auteur du délit ; elles n'auront lieu que contre les manufacturiers, pour les draps seulement qu'ils fabriquent après le délai de six mois déterminé par l'article précédent.

6. Les décrets qui auront accordé à une fabrique une lisière exclusive, seront insérés dans le *Bulletin des Lois*. Cette insertion n'ayant point eu lieu pour notre décret du 25 juillet 1810, nous ordonnons qu'elle soit faite.

7. Notre ministre des manufactures et du commerce nous fera, avant le mois de janvier prochain, un rapport sur les moyens d'exécuter les mesures indiquées dans la première partie de l'avis de notre conseil d'état du 20 septembre 1811, par nous approuvé le 30 du même mois.

TITRE II.

DE LA SAISIE DES DRAPS QUI PORTERAIENT LA LISIÈRE RÉSERVÉE A UNE FABRIQUE ET DU MODE DE PROCÉDER CONTRE CEUX QUI AURAIENT USURPÉ CETTE LISIÈRE.

8. La saisie des draps dont la lisière aura été contrefaite, aura lieu sur la réquisition d'un ou de plusieurs fabricants de la ville à laquelle cette lisière appartient. Les officiers de police sont, en conséquence, tenus de l'effectuer, sur la présentation de la patente de ces fabricants : ils renverront ensuite les parties devant le conseil des prud'hommes, s'il y en a un dans la commune, comme arbitre, aux termes de l'art. 12 du décret du 20 février 1801; et pour la prononciation des peines, devant nos cours et tribunaux. Si les parties n'ont pas été conciliées sur leurs intérêts civils, les mêmes cours et tribunaux prononceront.

9. Dans le cas où la plainte en contrefaçon d'une lisière ne serait pas fondée, celui qui l'aura présentée sera condamné à des dommages-intérêts proportionnés au trouble et au préjudice qu'il aura causé.

10. Tout jugement emportant condamnation sera imprimé et affiché aux frais du contrefacteur de la lisière. Les parties ne pourront, en aucun cas, transiger sur l'affiche et la publication.

(Suit le décret mentionné dans l'art. 6 de celui qui précède.)

Napoléon, ... sur le rapport de notre ministre de l'intérieur, nous avons décrété et decretons ce qui suit :

ART. 1er. Les dispositions de l'arrêt du conseil d'état, du 5 décembre 1782, portant règlement pour la fabrication des étoffes de laine dans la généralité de Rouen, sont remises en vigueur en ce qui concerne la ville de Louviers. Les fabricants de cette ville jouiront, en conséquence, de l'autorisation exclusive d'avoir à leurs draps une lisière jaune et bleue.

2. Il est défendu aux fabricants de draps des autres villes de notre empire d'employer la lisière dont il est question dans l'article précédent. Tout contrevenant à cette disposition sera puni pour la première fois d'une amende de 5,000 fr.; en cas de récidive, cette amende sera double.

---

8 août 1816.

ORDONNANCE DU ROI

Portant que les fabricants d'étoffes et tissus de la nature de ceux qui sont prohibés, ne doivent mettre dans le commerce ces étoffes et tissus que revêtus d'une marque de fabrication.

Louis, etc.

Sur le rapport de notre ministre secrétaire d'état de l'intérieur ;

Vu l'art. 59, titre VI de la loi du 28 avril dernier, section des *Douanes*,

Nous avons ordonné, etc.

ART. 1er. Les fabricants d'étoffes pleines ou mélangées en laine ou en coton et de tous tissus de la nature de ceux qui sont prohibés, venant de l'étranger, ne pourront mettre dans le commerce ces étoffes et tissus que revêtus d'une marque de fabrication et d'un numéro d'ordre repris de leurs registres d'entrée et de sortie.

2. Les marques indiqueront le nom de la ville ou de l'arrondissement où la fabrication a lieu, et le nom du fabricant, ou tel chiffre ou signe qu'il déclarera choisir. Elles seront tissues, brodées ou imprimées, selon la nature de l'étoffe et à la volonté du fabri-

cant, mais de manière à pouvoir se conserver le plus long-temps qu'il sera possible.

3. Les prud'hommes, et à leur défaut les maires, assistés de fabricants notables, vérifieront la nature de chaque marque et le procédé d'application : si ce dernier est défectueux, et si la marque est susceptible d'être confondue avec des signes déjà employés par d'autres manufacturiers, ils exigeront un procédé plus solide et une désignation différente. En cas de contestation à ce sujet, il en sera référé au préfet, qui décidera après avoir pris l'avis de la chambre consultative des manufactures, ou de la chambre de commerce qui en fait les fonctions.

4. Chaque fabricant est tenu de déposer à la sous-préfecture de son arrondissement deux empreintes ou modèles de sa marque : l'un de ces modèles y sera conservé, l'autre sera transmis au ministre de l'intérieur pour rester dans les archives du jury institué par l'art. 63 de la loi du 28 avril, présente année.

5. La marque de fabrication sera apposée, ainsi que le numéro d'ordre, aux deux extrémités de la pièce. Les teinturiers, imprimeurs ou autres apprêteurs, seront tenus de la conserver en la couvrant au besoin, pendant les apprêts.

6. Aucun coupon ne peut être mis dans le commerce sans sa marque et son numéro.

Lorsqu'un fabricant usera pour ses pièces de marques tissues, il y suppléera, pour les coupons tirés de ces pièces, au moyen d'une marque brodée ou imprimée ou d'un plomb ou d'un bulletin portant les mêmes indications. Les modèles de ces marques de supplément seront déposés avec ceux de la marque principale.

7. La bonneterie de coton ou de laine est aussi assujettie à la marque de fabrication. Cette marque consistera, autant qu'il sera possible, en lettres, chiffres ou signes travaillés dans le tricot même, et à l'aide desquels on puisse reconnaître le nom du fabricant et

sa résidence, en recourant aux modèles qui seront déposés comme il est dit en l'art. 4. Les dispositions de l'art. 3 sont aussi applicables à la bonneterie.

8. Les contrevenants aux obligations prescrites par les dispositions précédentes seront responsables des dommages qu'éprouveraient des tiers sur qui les objets auraient été saisis, sans préjudice des peines portées par les articles 142, 143 et 423 du Code pénal.

9. Les marques et numéros étant, aux termes de la loi, le premier indice de l'origine nationale des tissus, les marchands en détail sont avertis qu'ils doivent conserver ces signes à chaque coupon restant dans leurs magasins.

10. Tout acheteur est autorisé à exiger de son vendeur une facture signée qui indique la marque et le numéro des pièces, laquelle facture doit correspondre aux livres du marchand qui fait la vente, et aux factures par lui reçues du vendeur précédent, le tout pour y recourir au besoin.

11. Notre ministre secrétaire d'état de l'intérieur est chargé, etc.

---

28 juillet — 4 août 1824.

Loi relative aux altérations ou suppositions de noms sur les produits fabriqués (1).

Art. 1er. Quiconque aura, soit apposé, soit fait

(1) L'art. 16 de la loi du 23 germinal an XI punissait de la peine de faux en écriture privée la contrefaçon des marques des fabricants ; l'art. 17 de la même loi assimilait à la contrefaçon le fait d'avoir inséré ces mots : *façon de....*, et, à la suite, le nom d'un autre fabricant, ou d'une autre ville ; et d'après le Code pénal (art. 142), la contrefaçon était punie de la réclusion : la loi actuelle maintient la peine, en ce qui touche la *contrefaçon* proprement dite ; mais elle établit une peine moindre contre la simple imitation avec supposition de lieu, contre la

apparaître par addition, retranchement, ou par une altération quelconque, sur des objets fabriqués, le nom d'un fabricant autre que celui qui en est l'auteur, ou la raison commerciale d'une fabrique autre que celle où lesdits objets auront été fabriqués, ou enfin le nom d'un lieu autre que celui de la fabrication, sera puni des peines portées en l'art. 423 du Code pénal, sans préjudice des dommages et intérêts, s'il y a lieu.

Tout marchand, commissionnaire ou débitant quelconque, sera passible des effets de la poursuite, lorsqu'il aura sciemment exposé en vente ou mis en circulation les objets marqués de noms supposés ou altérés (1).

simple altération (voy. l'art. 3 de la présente loi). D'ailleurs, depuis long-temps, les contrefacteurs échappaient à l'application de l'art. 17 de la loi du 23 germinal an XI, en évitant de se placer dans le cas spécialement prévu par cet article ; ainsi, on marquait des draps de cette manière : *Près Louviers*, ou *Rue de Louviers*, ou *A l'instar de Sédan*, ou *Filature de Sédan ;* puis, les marchands, complices de la fraude, coupaient les mots *près*, *rue de*, *à l'instar de*, *filature de*, et il ne restait que *Louviers* ou *Sédan*. Ces faits ne constituaient ni une contrefaçon ni le cas assimilé à une contrefaçon ; et les auteurs ne pouvaient être punis ; la loi nouvelle les atteint dans la généralité de ses expressions. (Voy. M. Bourguignon sur l'art. 152 du Code pénal.)

La commission de la chambre des députés a fait remarquer que la confection de certains produits exige un concours d'opérations telles, qu'on n'est point encore parvenu à les exécuter toutes dans un seul et même établissement ; en conséquence, elle a émis le vœu que le gouvernement s'occupât de préciser, par des dispositions réglementaires, les conditions qui donnent aux fabricants le droit d'apposer la marque ou le nom de tel ou tel lieu. L'honorable M. Petou proposa même un article additionnel à ce sujet ; il a été rejeté. Voy. les articles 16, 17 et 18 de la loi du 23 germinal an XI, et les articles 5 et 7 du décret du 11 juin 1809, et les notes sur ces articles.

(1) La disposition de l'art. 422 du Code pénal, qui pro-

2. L'infraction ci-dessus mentionnée cessera, en conséquence, et nonobstant l'art. 17 de la loi du 22 germinal an XI, d'être assimilée à la contrefaçon des marques particulières prévues par les articles 142 et 143 du Code pénal (1).

Titre III.

JURISPRUDENCE.

I.

Les prud'hommes peuvent-ils connaître d'une contestation entre deux fabricants de draps qui ont donné à un filateur des laines à filer, qui se plaignent de la manière dont les laines sont filées, et le filateur ? Rés. nég.

Les prud'hommes ne sont compétents que pour connaître des contestations qui s'élèvent entre des fabricants d'une part et leurs subordonnés de l'autre, ou des contestations des chefs d'ateliers, ouvriers, etc., entre eux.

(Loi du 18 mars 1806, art. 6; décret, 11 juin 1809, art. 10, 12, 23; décret, 5 août 1810, art. 1.)

Prestat ; — 2 février 1825 ; — Cass.; — Louviers ; — Sirey, tome 27, 1ʳᵉ partie, page 403; — Denevère,

nonce la confiscation si les objets appartiennent au vendeur, est applicable à un marchand qui vend sciemment des objets dont la marque est contrefaite, falsifiée ou altérée; en un mot, qui est auteur ou complice du délit. Mais le marchand qui, de bonne foi, exposerait ou vendrait des marchandises sans connaître les falsifications ou altérations, ne serait point passible de la peine de la confiscation.

(1) Voy. notes sur l'art. 1ᵉʳ.

tome 23, 1ʳᵉ partie, page 259 ; — Journal du Palais, tome 73, pag. 301.)

II.

La demande en payement d'ouvrages de serrurerie faits à une filature, sans être objet de commerce, est-elle de la compétence des conseils de prud'hommes ? Rés. nég.

Elle est de la compétence des tribunaux.
(Plet,—25 février 1841, Rouen ;—Sirey, tome 2, 2ᵉ partie, page 233.)

III.

Le non-commerçant qui emploie, au préjudice d'un fabricant, manufacturier, contre-maître, etc., un ouvrier sans livret réglé, portant certificat d'acquit de ses engagements, est-il, à raison de cette espèce d'embauchage, justiciable du conseil des prud'hommes, comme l'ouvrier lui-même?

Rés. nég. par jugement du tribunal de commerce d'Arras du 30 septembre 1833.

Rés. aff. par une sentence du conseil des prud'hommes de Bapaume, du 4 avril précédent, et par la consultation suivante.

Nous rapportons cette consultation due à un avocat dont le savoir égale la modestie, pour éclairer complétement la question ; mais quant à nous, nous ne pouvons hésiter un seul moment à partager l'opinion du tribunal de commerce d'Arras. Les juridictions sont de droit strict ; elles ne l'étendent pas. *L'accessoire suit le principal. Le compétent attire l'incompétent ;* ce sont là, dit-on, des principes. Cela est possible, mais ces principes ne s'appliquent point à tout ; ils veulent être interprétés sagement. Avec la maxime : *Le compétent attire l'incompétent,* on pourrait bouleverser toutes les juridictions et la société entière.

CONSULTATION.

Le conseil soussigné, qui a pris connaissance d'une sentence du conseil des prud'hommes de Bapaume, en date du 4 avril 1833, et d'un jugement du tribunal de commerce d'Arras, en date du 30 septembre suivant;

Consulté sur la question de savoir s'il y a lieu de se pourvoir en cassation contre ledit jugement,

Est d'avis de l'affirmative par les raisons qui vont être déduites.

Le procès ne présente pour la cour de cassation qu'une question de compétence, celle-ci :

« Le non-commerçant, qui emploie, au préjudice d'un fabricant, manufacturier, contre-maître, etc., un ouvrier sans livret réglé, portant certificat d'acquit de ses engagements, est-il, à raison de cette espèce d'embauchage, justiciable du conseil des Prud'hommes, comme l'ouvrier lui-même ? »

Les prud'hommes de Bapaume avaient décidé par l'affirmative, au profit de M. Defer, demandeur, contre M. Duquesnoy; on pense qu'ils ont eu raison, mais sans adopter entièrement leurs motifs.

Ils visent d'abord les articles 11 et 12 de la loi du 22 germinal an XI, qui déclarent que *nul* ne pourra recevoir un ouvrier sans congé d'acquit, sous peine des dommages-intérêts de son maître. Ces deux articles ne résolvent aucunement la question de compétence et d'attribution dont il s'agissait avant tout.

Ce sont des dispositions pénales portant sur *tout individu fabricant ou non*, qui reçoit des ouvriers sans congé d'acquit.

Mais quel juge fera l'application de cette pénalité?

Le non-commerçant y est soumis aussi bien que les fabricants, contre-maîtres, etc.; mais faudra-t-il le citer devant les prud'hommes, ou devant le tribunal civil, son juge naturel?

Là est la question de compétence, et elle subsiste

évidemment malgré la loi précitée de germinal an XI.

Pour la résoudre, il faut recourir aux lois et décrets postérieurs sur l'institution des prud'hommes, combinés avec les principes généraux en matière de juridiction et de compétence.

Par la loi du 18 mars 1806, art. 6, les conseils de prud'hommes sont institués pour connaître des différends qui s'élèvent soit entre des fabricants et des ouvriers, soit *entre des chefs d'atelier et des compagnons ou apprentis.*

Par le décret du 20 février 1810, portant rédaction nouvelle de celui du 11 juin 1809, art. 10, nul n'est justiciable du conseil des prud'hommes, *s'il n'est marchand-fabricant, chef d'atelier, contre-maître, teinturier, ouvrier compagnon ou apprenti. Ces personnes mêmes retombent sous la juridiction ordinaire, dès que les contestations porteront sur des affaires autres que celles relatives à la branche d'industrie qu'elles cultivent et aux contraventions dont cette industrie aura été l'objet.*

Enfin, par le décret du 3 août 1810, art. 1er, les conseils de prud'hommes sont autorisés à juger toutes les contestations qui naîtront entre les « marchands-fabricants, chefs d'atelier, contre-maîtres, ouvriers compagnons et apprentis, » quelle que soit la quotité de la somme dont elles seraient l'objet.

Toutes ces dispositions concordantes établissent un point incontestable : c'est que la juridiction des prud'hommes est limitée aux « rapports des chefs avec leurs subordonnés dans la fabrique, » et, comme cette juridiction est exceptionnelle, nul doute qu'en principe elle ne puisse s'étendre à d'autres objets, à d'autres personnes, notamment à des non-commerçants, à des propriétaires ou fermiers.

Cela posé, l'ouvrier Coupez était incontestablement justiciable des prud'hommes de Bapaume, pour ce fait qui se rattache essentiellement aux rapports du chef et du subordonné, d'avoir quitté son maître sans congé d'acquit.

Il a pu et dû être cité devant ce tribunal pour être condamné à rentrer dans l'atelier, et à payer par son travail le montant des avances à lui faites.

Mais l'embaucheur, le sieur Duquesnoy, qui n'est pas « marchand fabricant ni ouvrier, » et qui n'a d'autre qualité que celle de « propriétaire, » a-t-il pu être également cité devant les prud'hommes pour être condamné à des dommages-intérêts ?

Non, faudrait-il dire, d'après les lois et décrets ci-dessus ; mais cette question ne peut pas être résolue, abstraction ainsi faite des principes généraux en matière de compétence.

Or, ces principes sont : que l'accessoire suit le principal ; que le compétent attire l'incompétent ; que la connexité d'une demande, placée naturellement hors des attributions du juge avec une autre demande dont il est régulièrement saisi, lui confère juridiction sur le tout. Ces règles sont journellement appliquées par la cour de cassation.

Ainsi, lorsque les prud'hommes de Bapaume étaient régulièrement saisis à l'égard de l'ouvrier Coupez, ils ont pu, sans excès de pouvoir, prononcer même à l'égard de l'embaucheur ; car son fait d'embauchage est indivisible du fait de l'ouvrier, l'un et l'autre sont les co-auteurs du quasi-délit qui engendre action et contre l'ouvrier fugitif et contre l'embaucheur.

La réparation du dommage éprouvé peut donc être poursuivie à l'égard de ce dernier indivisiblement aussi, c'est-à-dire devant les mêmes juges.

Sa condamnation n'est qu'accessoire à celle de l'ouvrier, elle en dépend même inévitablement et lui est subordonnée ; car il n'y a pas de condamnation possible contre l'embaucheur, si l'ouvrier n'est pas condamné par antécédent comme n'ayant pas de congé d'acquit.

Il y a donc là connexité attributive de juridiction et application topique du principe que le compétent attire l'incompétent.

Ce fut la pensée des prud'hommes, quoique mal et insuffisamment exprimée.

Leur sentence déclare, en effet, qu'après tout, Duquesnoy était cité devant eux comme garant de l'ouvrier fugitif. Cette pensée contenait en germe ce qui vient d'être développé, bien que, du reste, il ne fût pas complétement exact de dire qu'il y eût là une demande en garantie.

Mais les prud'hommes ont parfaitement senti que le maître, à qui la loi donne un droit de suite sur son ouvrier non congédié, droit susceptible d'être poursuivi devant eux, enchaînait nécessairement l'embaucheur à la même juridiction.

Le tribunal de commerce a voulu résoudre la question en s'isolant de ces règles, qui sont loi autant que la loi-même, et en s'appuyant exclusivement sur les décrets d'organisation des conseils de prud'hommes ; c'est en cela qu'il a fait erreur et commis des violations de loi suffisantes pour se faire annuler son jugement.

Délibéré à Paris par le jurisconsulte soussigné, le 28 novembre 1835 :

AD. GATINE,
Avocat aux conseils du roi et à la cour de cassation.

SUR LA MÊME QUESTION.

Certificat de M. le président du conseil des prud'hommes de la ville de Rouen.

Nous, président du conseil de prud'hommes de la ville de Rouen,

Sur la demande à nous faite par le sieur Quenel (Louis), fabricant de tissus de coton dans la même ville, relative à la jurisprudence suivie par le conseil,

Certifions que, depuis son installation, les articles 11 et 12 de la loi du 12 avril 1803 (22 germinal an XI) ont toujours été interprétés dans le sens le plus général; que le mot *nul* a été étendu sans exception à tous ceux qui occupent des ouvriers, parce que, dans cette loi ni dans aucune autre subséquente, il n'y a de disposition qui puisse altérer le sens de ce mot; et, qu'où le législateur n'a pas distingué, le juge ne peut lui-même établir de distinction; qu'en effet, le cultivateur comme le manufacturier emploient également des ouvriers; qu'il y a autant d'industrie proprement dite dans l'un que dans l'autre état, et surtout dans le siècle où nous vivons;

Qu'exempter les cultivateurs de l'exécution d'une mesure générale, c'est créer pour eux une prérogative qui ne peut leur appartenir; et qu'en conséquence, le conseil a constamment jugé dans le sens sus-expliqué;

Qu'en outre, d'après l'avis de plusieurs jurisconsultes éclairés, quel que soit l'état d'une personne ayant indûment employé un ouvrier, elle se trouve justiciable du tribunal où est traduit ce même ouvrier pour contravention à la loi; et ce, à raison de la connexité que le législateur a prévue et en raison de laquelle le juge, premier saisi, l'est valablement;

C'est encore dans ce sens que le conseil décide les questions de ce genre;

En foi de quoi, nous avons délivré le présent pour valoir ce que de droit.

Rouen, le 19 novembre 1832.

Est signé: QUILLON.

IV.

« La disposition de l'art. 2 du décret du 3 août 1810,
» qui ne permet l'appel contre les sentences des
» conseils de prud'hommes que lorsque la condamna-

» tion excède 100 francs, n'est pas applicable au cas
» où le demandeur est déclaré non recevable dans sa
» demande.

» Dans cette hypothèse, on doit suivre les règles
» ordinaires et déterminer la compétence par le mon-
» tant des conclusions des parties.

» La disposition exceptionnelle du décret est ex-
» clusivement relative au cas où le défendeur est
» condamné à une somme inférieure à 100 francs. »

Ainsi jugé par la chambre civile de la Cour de
cassation, dans son audience du 10 janvier 1842, sur
les plaidoiries de Mes Mandaroux-Vertamy et Bénard,
et les conclusions conformes de M. l'avocat-général
Laplagne-Barris.

Titre IV.

FORMULES.

CHAPITRE I.

Procédure en matière civile.

SECTION I.

COMPARUTION VOLONTAIRE DES PARTIES DEVANT LE BUREAU PARTICULIER DES PRUD'HOMMES.

(Décret du 11 juin 1809, art. 58.)

I. *Procès-verbal de comparution volontaire des parties.*

L'an . . . . , le . . . . , par-devant nous . . . . , membres du bureau particulier du conseil de prud'hommes de la ville de . . . . , sont comparus le sieur . . . . et le sieur . . . . , lesquels nous ont déclaré que, conformément à l'art. 38 du décret du 11 juin 1809, ils se présentaient volontairement devant le bureau particulier dudit conseil, à l'effet de réclamer ses bons offices pour y être conciliés sur les contestations qui les divisent, et qu'ils vont exposer à l'instant ; et ont lesdits sieurs . . . . signé la présente déclaration avec nous et notre secrétaire. (*Signatures.*)

Nota. Si les parties ne savent signer : Lesdits sieurs . . . . . nous ayant déclaré ne savoir signer, nous avons signé le présent avec notre secrétaire.

Ou, le sieur . . . . , l'un des requérants, a déclaré ne savoir écrire et signer, et le sieur . . . . . a signé avec nous et notre secrétaire.

SECTION II.

CITATIONS.

II. *Modèle de lettre d'invitation à se rendre au bureau particulier du conseil des prud'hommes.* (Décret du 11 juin 1809, art. 29.)

M. . . . . . est invité à se rendre le . . . de ce mois . . . . heure . . . . . midi, au bureau particulier des prud'hommes de la ville de . . . , pour y répondre sur la demande formée contre le sieur . . . au sujet (*désigner sommairement les motifs*) ; et, après avoir été entendu contradictoirement avec ledit sieur . . . . . , être conciliés tous deux, si faire se peut, conformément à l'art. 22 de la loi du 11 juin 1809.

A . . . . . ce . . . . .

(*Signature du secrétaire.*)

III. *Modèle de citation dans les cas prévus par les articles 30 et 31 du décret du 11 juin 1809.*

L'an . . . . le . . . . , à la requête de . . . . où il élit domicile, j'ai . . . . . , huissier reçu et assermenté au tribunal . . . . . et attaché au conseil des prud'hommes de . . . . , patenté . . . . . . cité le sieur . . . , en son domicile, en parlant à . . . , à comparaître le . . . , heures . . . . midi . . . , par-devant le bureau particulier des prud'hommes de . . . . , à l'effet de s'expliquer devant les membres dudit bureau, et se concilier, si faire se peut, sur le différend subsistant entre eux relativement à . . . . ; et à ce qu'il n'en ignore, je lui ai, en sondit domicile en parlant comme dessus, laissé copie de la présente citation, dont le coût est de . . . . , y compris mon transport à sa demeure, distante de la mienne de . . . . . . ; les jour, mois et an que dessus.   (*Signature de l'huissier.*)

6

IV. *Cédule en cas d'urgence, par application de l'article 24 du décret du 15 juin 1809, et de l'article 417 du Code de procédure civile.*

Nous . . . . . , membres du bureau particulier du conseil des prud'hommes de . . . . . sur ce qui nous a été exposé par le sieur . . . , que . . . . . ;
Considérant qu'il y a urgence, permettons audit sieur . . . , requérant, de faire citer le sieur . . . . à comparaître par-devant nous dans ce jour, à . . . . heures . . . midi, à l'effet de s'expliquer sur . . . , et se concilier, si faire se peut, avec ledit sieur . . . Mandons à l'huissier attaché audit conseil des prud'-hommes de . . . , de faire la citation requise. Donné à . . . . , ce . . . .

(*Signatures des prud'hommes.*)

Cette permission de faire citer à bref délai doit être sur formule et enregistrée, et signifiée par l'huissier en tête de la citation.

SECTION III.

COMPARUTION DES PARTIES SUR CITATION DEVANT LE BUREAU PARTICULIER DES PRUD'HOMMES.

—

V. *Condamnation à une amende pour manque de respect* (articles 52, 53, 54 et 55 du décret du 22 juin 1809).

Le . . . . . nous . . . . . , membres du bureau particulier du conseil des prud'hommes de . . . . ;
étant en fonctions d'entendre et de chercher à concilier le sieur . . . . et le sieur . . . . sur le différend qui existe entre eux, ledit sieur . . . . . s'étant permis plusieurs paroles injurieuses et malhonnêtes contre ledit sieur . . . . . , et ayant plusieurs fois ré-

cidivé, malgré nos avertissements, d'un commun avis
et conformément à l'article 23 du décret impérial du
11 juin 1809, avons condamné et condamnons ledit
sieur . . . . . , à . . . francs d'amende ; et avons de
plus ordonné que copie de notre présent jugement
sera affichée dans la ville de . . . au nombre de . .
exemplaires aux frais dudit sieur . . . .

Ainsi jugé et prononcé en bureau particulier, par
nous . . . . , les jour et an ci-dessus.

(Signatures des prud'hommes.)

Extrait de ce jugement doit être délivré au receveur des amendes, pour en poursuivre le paiement
par les voies accoutumées.

VI. *Condamnation à l'emprisonnement pour insulte ou irrévérence grave* (art. 36 du décret du
11 juin 1809).

Le . . . . . , etc., (*comme ci-dessus*) ledit sieur
. . . . . s'étant permis de nous adresser plusieurs menaces injurieuses, *ou* de nous faire des menaces ou
gestes insultants, après avoir inutilement cherché à
le rappeler au respect qu'il devait à notre caractère
et à nos fonctions, d'un commun avis et conformément à l'article 24 du décret impérial du 11 juin 1809,
avons condamné et condamnons ledit sieur . . . . . à
un emprisonnement de . . . jours dans la maison
. . . . , dans laquelle il sera dès ce jour tenu de se
rendre ; sinon, que la force publique sera employée
pour l'y conduire.

Ainsi jugé et prononcé en bureau particulier, par
nous . . . . . , les jour et an ci-dessus.

(Signatures des prud'hommes.)

VII. *Procès-verbal de conciliation* (Code de procédure civile, art. 54).

Cejourd'hui . . . . , par-devant nous . . . . , membres du bureau particulier du conseil des prud'hommes de la ville de . . . . , sont comparus le sieur . . . . . . demandeur, suivant la lettre du secrétaire dudit conseil, en date du . . . . *ou* la citation en date du . . . , aux fins de . . . , et le sieur . . . . , défendeur.

Ledit sieur demandeur nous a exposé . . . . , et a conclu à ce que . . . .

Ledit sieur . . . . , défendeur, a répondu . . . . . et a conclu à ce que . . . .

Après avoir engagé lesdites parties à la conciliation, et leur avoir proposé les moyens d'arrangement qui nous ont paru les plus conformes à l'équité et aux circonstances , elles se sont accordées ainsi qu'il suit :

Ledit sieur . . . . ,
Ledit sieur . . . . ,

De tout ce que dessus nous avons dressé le présent procès-verbal , qui a été lu aux parties, et qu'elles ont signé avec nous , ou qui ont déclaré ne savoir signer, et que nous avons signé les jour et an que dessus (1).

(Signatures)

VIII. *Procès-verbal de non conciliation.*

Cejourd'hui . . . . , etc. (*comme au procès-verbal de conciliation*).

Après avoir inutilement essayé de concilier les parties sur leur différend, nous les avons renvoyées devant le bureau général pour y être jugées conformément aux articles 22 et 36 du décret impérial du 11 juin 1809, à sa première séance.

(1) Les parties peuvent se faire délivrer, par le secrétaire, copie de ce procès-verbal.

De tout ce que dessus nous avons dressé le présent
procès-verbal , etc. (*comme le précédent*) (1).

SECTION IV.

DE LA NON COMPARUTION D'UNE DES PARTIES DEVANT LE BUREAU PARTICULIER DES PRUD'HOMMES.

(Article 41 du décret du 11 juin 1809 (2).)

IX. *Certificat de non comparution.*

Nous . . . . membres du bureau particulier

(1) Le demandeur doit se faire délivrer de suite, par le
secrétaire du conseil de prud'hommes, copie de ce procès-verbal , et le remettre au bureau général du conseil de
prud'hommes.

(2) L'art. 41 du décret du 11 juin 1809 porte que, « si
au jour indiqué par la lettre du secrétaire, ou par la citation de l'huissier, l'une des parties ne comparaît pas , la
cause sera jugée par défaut, sauf l'envoi d'une nouvelle citation dans le cas prévu au dernier paragraphe de l'art. 32 »
(lorsque les délais n'ont pas été observés); et comme les
articles 22, 23 et 36 du même décret n'accordent point au
bureau particulier le droit de juger, mais seulement de
concilier les parties, et que ce droit de juger n'est conféré
qu'au bureau général , il s'ensuit nécessairement que c'est
devant le bureau général que doit se retirer de suite la partie comparante pour y faire condamner par défaut sa partie adverse non comparante, d'après un certificat de non
comparution , délivré par le bureau particulier qu'elle requerra.

Pour obtenir ce certificat, si c'est le demandeur qui
comparaît, il doit se présenter avec l'original de la citation ; si c'est le défendeur, avec la copie : et le bureau ne
doit accorder ce certificat qu'après avoir examiné si les délais ont été exactement observés à l'égard du défendeur;
car si, les délais n'ayant pas été observés, c'est le défendeur qui ne comparaît pas, il peut ordonner, conformément au décret du 11 juin, qu'il soit envoyé une nouvelle
citation au défendeur.

du conseil de prud'hommes de la ville de . . . . ., certifions que le sieur . . . . . s'est présenté cejourd'hui à . . . . . heures, devant nous, et nous a représenté l'original de la citation qu'il a fait donner au sieur . . . . ., ou la copie de la citation qu'il a reçue du sieur . . . . . à comparaître ce même jour à l'heure de . . . . ., en notre bureau, à l'effet d'y être conciliés par nous, si faire se peut, sur le différend qui subsiste entre eux, au sujet de . . . . ., et qu'après avoir attendu jusqu'à l'heure de . . . . ., ledit sieur n'est point comparu ; en foi de quoi nous avons délivré audit sieur . . . . . le présent certificat pour qu'il ait à se retirer par-devant le bureau général dudit conseil de prud'hommes, à l'effet d'y obtenir jugement par défaut.

A . . . . . . ce . . . .

(Signatures.)

SECTION V.

DU BUREAU GÉNÉRAL DES PRUD'HOMMES; COMPARUTION DES PARTIES DEVANT LE BUREAU.

Le bureau général des prud'hommes est, comme on on l'a vu, chargé par les articles 22, 23 et 36 du décret du 11 juin 1809, de juger toutes les affaires qui n'auraient pu être terminées par la voie de conciliation du bureau particulier.

Ses séances doivent-elles ou non être publiques ? c'est sur quoi la loi ne s'est point expliquée; mais il y a lieu de se décider pour l'affirmative d'après la publicité ordonnée pour toutes les audiences des tribunaux, même pour celles que les juges de paix tiennent dans leur domicile.

L'art. 36 du décret du 11 juin 1809 porte que le bureau particulier qui n'aura pu concilier les parties, les renverra devant le bureau général qui *statuera sur-le-champ*; mais le bureau général, comment pourra-t-il *statuer sur-le-champ* s'il ne tient pas ses séances le jour même où les parties n'auront pu être conciliées : ce qui doit arriver presque toujours d'après l'art. 21 du même décret qui porte que si le conseil de prud'hommes est composé de cinq ou de sept membres, le bureau particulier ne s'assemblera que tous les deux jours; et que s'il est composé de neuf ou de quinze membres, il s'assemblera tous les jours, tandis que l'art. 23 du même décret porte seulement que le bureau général s'assemblera *au moins une fois par semaine?* On doit donc entendre par les mots *sur le champ,* a la première séance qui suivra la non conciliation.

Il est encore possible de statuer sur-le-champ lorsque la moitié plus un du nombre des prud'hommes n'est pas présent. En général, on ne convoque ce nombre que lorsqu'il y a des jugements à rendre.

Comme la loi, dans les affaires de la compétence des conseils de prud'hommes, a voulu éviter les délais et ménager des frais aux parties autant qu'il se pourrait, elle n'a point prononcé qu'après la non conciliation devant le bureau particulier, il fût besoin d'une nouvelle citation pour comparaître devant le bureau général; on voit au contraire que par les mots *qui statuera sur-le-champ,* elle a voulu que ce fût de suite, s'il était possible, que les parties se rendissent devant le bureau général. C'est pourquoi le procès verbal de non conciliation du bureau particulier, en envoyant les parties à la première séance du bureau général, remplit le vœu de la loi, et doit tenir lieu de citation.

En général cependant il est d'usage, lorsque la conciliation n'a pu avoir lieu, que le demandeur donne assignation au défendeur pour l'audience suivante.

A la séance indiquée par le procès-verbal de non conciliation, les parties doivent comparaître; l'huissier attaché au conseil de prud'hommes doit appeler les causes dans l'ordre remis par le président, en commençant par celles qui n'auraient pas été en tour d'être appelées à la dernière séance.

Comme devant le bureau particulier, les parties ne peuvent se faire représenter par un fondé de pouvoir : à moins que ce ne soit pour cause d'absence ou de maladie légalement justifiée, et dans ce cas elles peuvent le faire par un de leurs parents, négociant ou marchand, porteur d'une procuration expresse.

Les parties ne peuvent être admises à signifier aucunes défenses; néanmoins la loi n'empêche point qu'elles ne lisent leurs moyens de défense, qu'elles ne produisent les titres et pièces qui servent à justifier leurs droits.

Les parties entendues contradictoirement, doivent,

comme devant le bureau particulier, s'expliquer avec modération et se conduire avec respect ; et si elles s'écartent des bornes du devoir, après y avoir été rappelées par le président, elles encourront les peines portées aux articles 33 et 34 du décret du 11 juin 1809, ci-dessus rapportés, section III.

Après avoir entendu les parties et les témoins, s'il y en a, pris connaissance des pièces et titres, s'il en est présenté, le bureau général, composé des deux tiers au moins de ses membres, rendra son jugement à la majorité absolue des membres présents.

SECTION VI.

DES DÉFAUTS ET OPPOSITIONS (1).

—

X. *Jugement par défaut sur certificat de non comparution au bureau particulier.*

L'an . . . . , le . . . . , sur l'attestation du bureau particulier du conseil de prud'hommes de la ville de . . . . . en date du . . . . , que le sieur . . . . a, le . . . . de ce mois, fait citer par le ministère de . . . . , huissier attaché audit conseil, le sieur . . . à comparaître le . . . . par-devant ledit bureau particulier, à l'effet d'y être entendu sur la demande contre lui formée par ledit sieur . . . . , au sujet de . . . . , et être, lesdites parties, conciliées par ledit bureau, si faire se peut ; que ledit sieur . . . . n'a pas comparu ; le bureau général dudit conseil considérant que . . . . , sur la demande, et en présence dudit sieur . . . . , condamne par

(1) La partie qui aura obtenu du bureau particulier un certificat de non comparution de sa partie adverse, doit le remettre de suite au bureau général ; et à la première séance qui suivra la remise de ce certificat, le bureau général doit juger la cause par défaut en la présence de cette partie.

défant le sieur . . . . . à . . . . , et aux dépens liquidés à la somme de . . . . . compris la délivrance et
notification du présent jugement.

Ainsi jugé par nous . . . . . , président et . . . . ,
membres du conseil de prud'hommes de la ville de
. . . . . formant le bureau général dudit conseil.

A . . . . . , l'an et jour susdits (1).

XI. *Jugement par défaut pour non comparution au bureau général.*

L'an . . . . . , le . . . . , d'après le procès verbal
du bureau particulier du conseil de prud'hommes de
la ville de . . . . , en date du . . . . de ce mois,
qui atteste que les sieurs . . . . et . . . . sont
comparus devant lui ledit jour . . . . sur la lettre
délivrée par le secrétaire dudit conseil, ou sur la citation donnée par le ministère de . . . . , huissier
attaché audit conseil, le . . . . , à la réquisition dudit sieur . . . . audit sieur . . . . , à l'effet d'être
entendu et de s'expliquer sur . . . . , et être tous
deux conciliés, si faire se pouvait, que le bureau particulier ayant employé inutilement la voie de conciliation entre les parties, elles avaient été renvoyées
à la première séance du bureau général, indiquée
pour le . . . . , afin d'y être jugées par ledit bureau
général. Le sieur . . . . , demandeur, ayant comparu, et le sieur . . . . , défendeur, ne s'étant point
présenté, le bureau général dudit conseil, après
avoir entendu dans sa demande ledit sieur . . . . ;
considérant que . . . . , condamne par défaut ledit
sieur . . . . à . . . . et aux dépens liquidés à la
somme de . . . . , compris la délivrance et notification du présent jugement (*si c'est le demandeur*

_____

(1) Si, à la séance du bureau général indiquée par le
procès-verbal de non conciliation aux parties pour être
jugées, une d'elles ne comparaît point, celle qui aura
comparu requerra le jugement par défaut.

qui ne comparait pas); le bureau général dudit conseil, après avoir entendu ledit sieur . . . . . , considérant que . . . . , renvoie ledit sieur de la demande formée contre lui par ledit sieur . . . . , et condamne par défaut ledit sieur . . . . . aux dépens, etc.

Ainsi jugé par nous . . . . , président et . . . . , membres du conseil de prud'hommes de la ville de . . . . , formant le bureau général dudit conseil. A . . . . , l'an et jour susdits (1).

(1) On ne peut appeler de ces jugements par défaut; mais on peut s'y rendre opposant dans les trois jours de leur signification, et par ce moyen en suspendre l'exécution.

La partie condamnée par défaut pourra former opposition dans les trois jours de la signification faite par l'huissier du conseil : cette opposition contiendra sommairement les moyens de la partie, et assignation au premier jour de séance du conseil de prud'hommes, en observant toutefois les délais prescrits pour les citations; elle indiquera en même temps les jour et heure de la comparution, et sera notifiée ainsi qu'il est dit ci-dessus. (*Décret du 11 juin 1809, art.* 42.)

Quoique cet article porte que l'assignation sera donnée au premier jour de séance du conseil, on doit nécessairement entendre la séance du bureau général qui a prononcé le défaut.

Un arrêt de la cour de cassation du 21 nivôse an IX a jugé que, dans la huitaine accordée pour se pourvoir par opposition, le jour de la signification et celui de l'opposition doivent être comptés, et que ce délai ne doit pas être augmenté à raison de la distance de celui qui s'oppose; il en est de même pour les trois jours accordés pour former opposition aux jugements des conseils de prud'hommes.

Sans attendre le délai de trois jours pour former opposition au jugement par défaut du conseil de prud'hommes, et arrêter l'exécution de ce jugement, on peut former son opposition par une déclaration sur le procès-verbal de l'huissier qui signifie ce jugement, à la charge par l'opposant de réitérer cette opposition dans les trois jours, par exploit contenant assignation, comme le porte l'article précédent.

XII. *Opposition.*

L'an . . . . , etc., à la requête, etc. . . . . , j'ai, huissier soussigné, etc. . . . . . , signifié et déclaré au sieur . . . . , en son domicile, en parlant à . . . . que ledit sieur est opposant, comme par ces présentes il s'oppose, à l'exécution du jugement contre lui rendu par défaut le . . . . , par le bureau général du conseil de prud'hommes de la ville de . . . . , pour cause de . . . . protestant de nullité de tout ce qui pourrait être fait au préjudice de la présente opposition, et avant qu'il ait été statué sur elle, et en conséquence j'ai cité ledit sieur . . . . à comparaître le . . . . , heures . . . . midi, en la séance du bureau général du conseil de prud'hommes de . . . . , pour voir dire que les parties seront remises au même et semblable état où elles étaient avant le jugement , et au principal que le requérant sera renvoyé de la demande formée contre lui, ou voir adjuger au requérant ses conclusions, et j'ai audit . . . . , parlant comme dessus, laissé copie du présent, dont le coût est de . . . . . . (1)

(1) Si le conseil de prud'hommes sait par lui-même, ou par les représentations qui lui seront faites par les proches voisins ou amis du défendeur, que celui-ci n'a pu être instruit de la contestation, il pourra, en adjugeant le défaut, fixer, pour le délai de l'opposition, le temps qui lui paraîtra convenable; et dans le cas où la prorogation n'aurait été accordée ni d'office, ni demandée, le défaillant pourra être relevé de la rigueur du délai, et admis à opposition en justifiant qu'à raison d'absence ou de maladie grave il n'a pu être instruit de la contestation. (*Décret du 11 juin 1809, art. 43.*)

La partie opposante qui se laisserait juger une seconde fois par défaut, ne sera plus admise à former une nouvelle opposition (*ibidem, art. 44.*)

XIII. *Jugement par défaut sur opposition.*

L'an, etc . . . . , entre le sieur . . . . , demandeur originaire aux fins de l'opposition à lui notifiée par exploit en date du . . . . , à la requête du sieur . . . . , tendant à ce que . . . . , comparant, d'une part,

Et le sieur . . . . , demandeur aux fins de son exploit d'opposition au jugement contre lui rendu par défaut, le . . . . , et défendeur au principal, non comparant , d'autre part,

Le sieur . . . . , attendu la non comparution de l'opposant à l'appel de la cause, ayant requis défaut et pour le profit l'exécution pure et simple du précédent jugement en date du . . . .

Le bureau général du conseil de prud'hommes de la ville de . . . . , après avoir attendu . . . . heures, donne contre ledit sieur . . . . , non comparant , défaut ; et pour le profit ordonne que le précédent jugement du . . . . sera exécuté selon sa forme et teneur, et ne pourra le défaillant former opposition au présent jugement.

Ainsi jugé, etc. . . . .

XIV. *Jugement en nullité d'opposition.*

L'an . . . . , etc., entre le sieur . . . . , demandeur en opposition au jugement contre lui rendu par défaut , le . . . . , et défendeur au principal , d'une part,

Et le sieur . . . . , défendeur à ladite opposition et demandeur au principal en vertu de citation en date du . . . . , d'autre part ;

Le bureau général du conseil de prud'hommes de la ville de . . . . , considérant que ladite opposition du sieur . . . . est irrégulière pour n'avoir pas été faite dans le délai prescrit, déclare ladite opposition nulle et comme non avenue, ordonne que son jugement, en date du . . . ., sera exécuté selon sa forme et teneur.

Ainsi jugé, etc. . . . . .

XV. *Jugement contradictoire sur opposition.*

L'an . . . ., etc., entre le sieur . . . ., défendeur originaire à la citation à lui signifiée à la requête du sieur . . . ., le . . . ., et demandeur aux fins de l'exploit d'opposition au jugement contre lui rendu par défaut, le . . . ., comparant, d'une part (ou pour cause de maladie, ou d'absence, comparant par le sieur . . . ., son parent, fondé de son pouvoir, suivant l'acte du . . . ., enregistré à . . . ., le . . . ., d'une part),

Et le sieur . . . ., demandeur originaire, par sa citation du . . . ., et défendeur aux fins de l'opposition au jugement par défaut rendu à son profit, à lui signifiée le . . . ., à la requête dudit sieur . . comparant, d'autre part,

Parties ouïes en leurs demandes et défenses respectives ;

Le point de fait est . . . .

La question à juger est . . . .

Le bureau général du conseil de prud'hommes de la ville de . . . ., reçoit le sieur . . . . opposant à l'exécution de son jugement par défaut en date du . . . ., et statuant sur l'opposition dudit sieur . . . ., attendu que . . . . dit que. . . . .

Ainsi jugé, etc.

SECTION VII.

DE L'INSCRIPTION EN FAUX.

—

XVI. *Procès-verbal d'arguation de faux* (par application de l'art. 37 du décret du 11 juin 1809).

L'an . . . . , etc., dans la contestation existante entre le sieur . . . . et le sieur . . . . , au sujet de . . . . , soumise au jugement du bureau général du conseil de prud'hommes de la ville de . . . . , sur la présensation qui a été faite devant ledit bureau de . . . . (*telle pièce*) ledit sieur . . . a sur-le-champ dénié l'écriture et la signature de cette pièce à lui opposée, et a déclaré ne pas la reconnaître et vouloir s'inscrire en faux contre elle, et demandé audit bureau acte de sa déclaration. Nous . . . . , président dudit bureau, en exécution de l'article 37 du décret impérial du 11 juin 1809, avons donné acte audit sieur . . . . de sa declaration, et avons paraphé ladite pièce . . . . (à tels endroits) *ne varietur*, et, après avoir suspendu tout jugement, avons renvoyé les parties devant les juges qui en doivent connaître,

Et avons dressé le présent que nous avons signé avec . . . . membres du bureau général dudit conseil et le secrétaire.

XVII. *Acte de récusation* (art. 54, 55, 56 et 57 du décret de 1809).

L'an . . . . , à la réquisition de . . . . , j'ai . . . . huissier . . . . , etc., signifié et déclaré à M. . . . . , membre du bureau général du conseil de prud'hommes de la ville de . . . . , en parlant à . . . . , secrétaire dudit conseil, que ledit sieur . . . . le récuse pour juge dans la contestation existante entre lui et le sieur . . . . , soumise au jugement du bureau général du conseil de prud'hommes de la ville de . . . . ., dont il est membre, attendu qu'il est parent (*à tel degré*) du sieur . . . . ., sa partie adverse, ou qu'il a un intérêt personnel à la contestation à cause de . . . . ., ou qu'il y a procès entre lui et . . . . ; et à ce que mondit sieur . . . . , membre dudit bureau général n'en ignore, je lui ai, en parlant comme est dit ci-dessus, laissé et déposé sur le bureau copie du présent, signé, ainsi que l'original, dudit sieur . . . . ., récusant.

(Signature de l'huissier.)

Visa du secrétaire. Vu par moi, secrétaire du . . . . , à . . . . , ce . . . .

(Signature.)

XVIII. *Réponse à un acte de récusation de la part du prud'homme récusé.*

Je défère à la récusation, à . . . . . ., ce . . . .
(Signature.)

Ou, il n'y a pas lieu à la récusation, n'ayant aucun intérêt personnel dans l'affaire; ou n'étant ni parent, ni allié au degré marqué par la loi; ou n'ayant pas donné avis par écrit dans l'affaire du sieur . . . . . . avec le sieur . . . . . ., à . . . ., ce . . . .
(Signature)

XIX. *Envoi de l'acte de récusation au président du tribunal de commerce.*

Sur le refus que fait M. . . . . . ., membre du bureau général du conseil de prud'hommes de la ville de . . . . . de s'abstenir de prendre part au jugement à rendre par ledit bureau général sur la contestation existante entre le sieur . . . . . et le sieur . . . . . au sujet de . . . ., d'après l'acte de récusation dudit . . . . . , membre du bureau, que ledit sieur . . . . . lui a notifié par dépôt sur le bureau.

le . . . . . Nous, président dudit conseil, conformément à l'article 17 du décret impérial du 11 juin 1809, transmettons à monsieur le président du tribunal de commerce de la ville de . . . . . . , ledit acte de récusation et la réponse que ledit M. . . . . . y a faite, pour qu'il ait à le soumettre à la décision dudit tribunal de commerce, qui sera par lui à nous renvoyée, afin que ledit . . . . ait à s'y conformer.

A . . . . ce . . . . . .

(Signature.)

SECTION VIII.

DES JUGEMENTS QUI NE SONT PAS DÉFINITIFS.

(Art. 45 et 47 du décret de 1809.)

—

XX. *Jugement préparatoire.*

L'an . . . . , etc.

Le bureau général du conseil de prud'hommes de la ville de. . . . . . . , avant faire droit, ordonne que . . . . fournira preuve par témoins de . . . . . . , ou que M. . . . ., un des membres dudit bureau, accompagné du sieur . . . . , secrétaire dudit conseil, se transportera à . . . . , à l'effet de . . . . , ou que le sieur apportera et représentera . . . . .

Ainsi jugé, etc. (1).

(1) Lorsque le jugement préparatoire est rendu par défaut contre une partie qui s'est défendue contradictoirement, mais qui n'était pas présente à la prononciation du jugement; la partie qui l'a obtenu doit, dans ce cas, se le faire délivrer par extrait, et le faire notifier à l'autre partie par l'huissier, avec sommation d'être présente à l'opération ordonnée. C'est ce qu'on doit penser de l'art. 43 du décret du 11 juin 1809, qui ne défend l'expédition des jugements

SECTION IX.

DES ENQUÊTES.

(Article 46 du décret de 1809.

—

XXI. *Jugement qui ordonne enquête.*

L'an . . . . . , etc., entre . . . . . , etc.
Le bureau général du conseil de prud'hommes de
la ville de . . . . . , après avoir entendu les parties
dans leurs dires respectifs, les trouvant contraires en
faits, et sur la demande que lui a faite ledit sieur . .
. . . de faire la preuve de ce qu'il avançait ;

Et ledit sieur . . . . . de faire la preuve contraire,

Ordonne qu'avant faire droit, les parties feront
trouver le . . . . . de ce mois . . . . . , heures, par-
devant ledit bureau, leurs témoins pour y être entendus respectivement sur les faits qui forment la
matière de la contestation.

Ainsi jugé, etc.

Comme beaucoup de témoins pourraient se refuser
à comparaître devant le bureau sur la simple invitation des parties, le président doit donner aux parties
requérantes une citation qui sera notifiée par l'huissier, aux témoins à entendre qui ne voudraient pas
comparaître volontairement.

XXII. *Cédule pour témoins* (art. 49, 50, 51, 52 et 53 du décret).

Nous . . . . . . président du conseil de prud'homme
de la ville de . . . . , mandons à tous ceux à qu

préparatoires que lorsqu'ils ont été prononcés en présence
des parties, et qui porte que la prononciation de ce jugement, indiquant le lieu, le jour et l'heure d'une opération ordonnée, vaudra citation.

la présente sera notifiée, de se trouver le ...., heures .... au bureau général dudit conseil, pour y déposer comme témoins sur les faits qui leur seront expliqués.

Délivré à ....., ce .....(1).

(Signature.)

XXIII. *Procès-verbal d'enquête.*

L'an ....., etc., devant le bureau général du conseil de prud'hommes de la ville de ...., présence du sieur ....., demandeur aux fins de ...., et du sieur ....., défendeur ..... sont comparus les sieurs ......, témoins du sieur ....., auxquels le président a fait lecture des faits articulés par les parties et dont le bureau a ordonné la preuve par son jugement en date du ......

Après quoi ledit sieur ......, défendeur, a reproché les sieurs ...... et ......, témoins dudit sieur ....., demandeur pour cause de ......, et a signé ses reproches.

Le bureau général dudit conseil, sans égard aux reproches proposés par ledit sieur ...., qu'il a trouvés mal fondés, a reçu lesdits sieurs ..... et .... à déposer.

De son côté, ledit sieur ......, demandeur, a reproché les sieurs ...., et ...., témoins dudit

----

(1) L'art. 263 du Code de procédure civile porte que les témoins défaillants seront condamnés sur l'ordonnance du juge-commissaire à 10 francs, au profit de la partie, à titre de dommages-intérêts, et à une amende, qui ne pourra excéder 100 francs, et de plus à être réassignés à leurs frais; l'art. 264 ajoute que si les témoins réassignés sont encore défaillants, ils seront condamnés, et par corps, à une amende de 100 francs, et que le juge-commissaire pourra même décerner contre eux un mandat d'amener. Ces deux articles s'appliquent aux témoins cités pour comparaître devant les prud'hommes.

sieur . . . . . , défendeur pour cause de . . . . . , et a signé ses reproches.

Le bureau général dudit conseil. ayant trouvé les reproches proposés par ledit sieur . . . . . , bien fondés, a rejeté la déposition desdits sieurs . . . . . , et . . . .

Ensuite le président, après avoir pris de chacun des témoins individuellement leur serment de dire la vérité, et leur déclaration s'ils étaient parents ou alliés des parties, et à quel degré, et s'ils étaient leurs serviteurs ou domestiques, a recueilli, dans l'ordre suivant, leurs dépositions que chacun d'eux a signées, à l'exception du sieur . . . . qui a déclaré ne savoir signer.

Le sieur . . . . . , premier témoin du sieur . . . . . , a déposé . . . . .

Le sieur . . . . . , deuxième témoin dudit sieur . . . . . . , a déposé . . . .

Le sieur . . . . . , troisième témoin dudit sieur . . . . a déposé . . . . ,

Le sieur . . . . . , premier témoin du sieur . . . . . , a déposé . . . . . .

Le sieur . . . . , second témoin dudit sieur . . . . a déposé.

De laquelle enquête le présent procès-verbal a été dressé par nous . . . . . . secrétaire du conseil de prud'hommes de la ville de . . . . . , signé par M . . . . . . , président dudit conseil, et contre-signé par nous secrétaire . . . . .

(Signatures.)

Si le jugement n'est point susceptible d'appel, ce procès-verbal n'est point nécessaire. La déposition des témoins s'insère dans le jugement même avant le prononcé.

SECTION X.

DU TRANSPORT SUR LES LIEUX.

(Art. 46 du décret du 11 juin 1809.)

—

XXIV. *Jugement qui ordonne le transport dans une manufacture ou un atelier.*

L'an . . . . etc., entre le sieur . . . . , demandeur aux fins de . . . . . etc. , et le sieur . . . . , défendeur . . . . . etc.

Le bureau général du conseil de prud'hommes de la ville de . . . . . , après avoir entendu les parties dans leurs dires respectifs, les trouvant contraires en faits , et considérant que l'inspection de . . . . sur les lieux peut seule déterminer son jugement, arrête qu'avant faire droit , M. . . . . et M . . . . , membres dudit bureau , accompagnés du secrétaire dudit conseil, se transporteront le . . . . . de ce mois, ... heures . . . . . midi . . . . . , dans la manufacture du sieur . . . . . . , à . . . . , à l'effet de . . . . . . , en présence des parties, qui seront tenues de s'y trouver.

Ainsi jugé, etc.

(Signatures.)

XXV. *Rapport de visite sur les lieux.*

L'an . . . . . . , nous . . . . . et membres du bureau général du conseil de prud'hommes de . . . . , nommés d'office par jugement dudit bureau général en date du . . . . . à l'effet de nous transporter, accompagnés du secrétaire dudit conseil , dans la manufacture du sieur . . . . . , aux fins de . . . . et en dresser notre rapport, pour être remis audit bureau général.

Nous nous sommes transportés dans ladite manufacture dudit sieur . . . . . , où, en sa présence, et ainsi qu'en la présence du sieur . . . ., partie adverse, nous avons examiné . . . . . et avons reconnu que . . . . .

Et avons fait et rédigé le présent, que nous avons signé avec le secrétaire.

(Signatures.)

SECTION XI.

DES JUGEMENTS.

(Articles 24 et 40 du décret du 11 juin 1809, et 141 du Code de procédure civile.)

—

XXVI. *Jugement.*

L'an . . . . . . etc.

Entre le sieur . . . . . , demandeur, en vertu de citation signifiée à sa requête par le ministère de . . . . . huissier attaché au conseil de prud'hommes, le . . . . . , enregistré le . . . ., aux fins de . . . . . , d'une part ;

Et le sieur . . . . . , défendeur, d'autre part, lequel a dit, pour défense à ladite citation, que . . . , et a conclu à ce que . . . . .

Point de droit.

L'objet de la demande du sieur . . . . . est . . . . . .

Point de fait.

La question à juger est de savoir . . . . .

Le bureau général considérant que . . . . . (*s'il y a un jugement préparatoire à rendre il est prononcé*) ordonne avant faire droit . . . . , etc. (*si le jugement préparatoire a reçu son exécution, il en est fait mention*), vu ce qu'il résulte de . . . . , condamne en dernier ressort (*si la somme n'excède pas cent francs*) le sieur . . . . . , à . . . . . , et aux frais et dépens liquidés à la somme de . . . . , y compris le coût de la délivrance et de la signification du présent jugement.

Ainsi fait et jugé, etc.

(*Signatures.*)

SECTION XII.

DE L'EXÉCUTION DES JUGEMENTS.

(Art. 3 du décret du 3 août 1810) (1).

XXVII. *Caution.*

Cejourd'hui . . . . , devant nous . . . . , mem-

(1) Tous jugements qui condamneront en des dommages et intérêts, en contiendront la liquidation, ou ordonneront qu'ils seront donnés par état. (*Code de procédure civile, art.* 128.)

Toute partie qui succombera sera condamnée aux dépens. (*Idem, art.* 130.)

Pourront néanmoins les dépens être compensés en tout ou en partie entre conjoints, ascendants, frères et sœurs ou alliés au même degré ; les juges pourront aussi compenser les dépens en tout ou en partie, si les parties succombent respectivement sur quelques chefs. (*Idem, art.* 131.)

En conformité des articles 440 et 441 du titre 25 du Code de procédure civile, concernant la procédure des tribunaux de commerce, et dont les dispositions sont, d'après le silence de la loi, applicables aux conseils de prud'hommes, la partie qui aura obtenu du bureau général de prud'hommes un jugement qui n'est exécutoire par provision qu'en fournissant caution, et qui voudra, nonobstant l'appel qui en aura été fait, le mettre à exécution, sera tenue de faire donner à l'appelant citation par l'huissier attaché au conseil de prud'hommes, à l'effet de se trouver au jour et à l'heure indiqués par ladite citation au bureau général dudit conseil, pour y prendre communication, sans déplacer, des titres de sa caution, et voir prononcer son admission en cas de contestation : si l'appelant ne comparaît pas, ou ne conteste pas la caution, elle fera sa soumission ; s'il conteste, le bureau général statuera.

bres du bureau général du conseil de prud'hommes de . . . . , est comparu le sieur . . . . , lequel nous a représenté la citation qu'il a fait donner le . . . . . au sieur . . . . , à comparaître par-devant nous, aux fins d'y accepter ou contester la caution qu'il est tenu de fournir pour l'exécution du jugement rendu par le bureau général le . . . . , et nous a présenté . . . . .

Est aussi comparu, sur ladite citation, le sieur . . . . , lequel, après avoir pris communication des titres . . . . , a déclaré accepter pour caution . . . . . ; ce dont ledit sieur . . . . a requis de nous acte, que nous lui avons accordé.

Ou ledit sieur . . . . , n'ayant point comparu sur ladite citation à lui notifiée, nous avons, après avoir examiné les titres . . . . , déclaré ladite caution bonne et valable, et en avons accordé acte audit sieur . . . .

Ou ledit sieur . . . . ayant contesté ladite caution, et ayant demandé qu'elle fût rejetée, nous l'avons déclarée bonne et solvable,

Ou avons ordonné que ledit sieur . . . . serait tenu de fournir une autre caution, attendu que . . . .

A . . . . , l'an et jour susdits (1).

(Signatures.)

(1) Les jugements rendus par le bureau général des prud'hommes, lorsque les parties n'auront pu être conciliées par le bureau particulier, seront mis à exécution vingt-quatre heures après la signification, et provisoirement, sauf l'appel devant le tribunal de commerce, ou, à défaut de tribunal de commerce, devant le tribunal de première instance. Ils seront signés par le président ou le vice-président, et contre-signés par le secrétaire. Ils seront signifiés à la partie condamnée par un huissier qui sera attaché au conseil des prud'hommes. (Décret du 11 juin 1809, art. 27.)

Les expéditions des jugements seront intitulées et terminées ainsi qu'il a été prescrit par l'acte des constitutions de l'empire, du 28 floréal an XII.

XXVIII. *Forme exécutoire des jugements.*

Louis-Philippe, etc.

Le bureau général du conseil de prud'hommes de la ville de . . . . . a rendu le jugement suivant :

(Transcrire le jugement.)

Mandons et ordonnons à tous huissiers sur ce requis, de mettre ledit jugement à exécution, à nos procureurs généraux et à nos procureurs près les tribunaux de première instance d'y tenir la main, à tous commandants et officiers de la force publique de prêter main-forte lorsqu'ils en seront légalement requis.

En foi de quoi le présent jugement a été signé par le président du conseil de prud'hommes de . . . . , et par le secrétaire.

(Le secrétaire met sur cette expédition : *Expédition conforme à la minute,* et signe.)

SECTION XIII.

DE L'APPEL (1).

XXIX. *Appel.*

L'an . . . . , le . . . . , à la requête du sieur . . . . . , pour lequel domicile est élu en la demeure de M . . . . , avoué au tribunal de première instance, qui occupera pour lui, *ou* de M . . . . . . , agrégé au tribunal de commerce . . . . , j'ai . . . . , huissier soussigné, signifié au sieur . . . . , en parlant à . . . . ,

Que, pour *tels* torts et griefs que lui fait le juge-

____

(1) Voy. sur l'appel et les délais de l'appel les articles 16, 449, 450, 453, 456, 457, 458, 459 et 460 qui s'appliquent aux jugements des conseils de prud'hommes.

ment rendu le . . . . , par le bureau général des conseils de prud'hommes de . . . . , et à lui signifié le . . . . , ledit sieur . . . . . , est appelant, comme par le présent il interjette appel, dudit jugement; et pour voir réformer ce jugement, et adjuger à l'appelant ses conclusions, tendantes à ce que ledit sieur . . . . . , intimé, fût condamné à . . . . , j'ai, huissier susdit et soussigné, à la même requête que dessus, donné assignation audit sieur . . . . à comparaître dans la huitaine, à l'audience et par-devant messieurs les juges composant le tribunal de . . . . . . , séant à . . . . ; heures . . . , protestant de nullité de tout ce qui serait fait au préjudice du présent appel,

Et à ce que ledit sieur . . . . n'en ignore, je lui ai, en sondit domicile, en parlant comme dessus, laissé copie du présent, dont le coût est de . . . .

(Signature.)

SECTION XIV.

DE LA TAXE DES FRAIS (1).

(Articles 59, 60, 61, 62 et 63 du décret de 1809.)

(1) La partie qui requerra la délivrance d'un jugement qui lui adjuge les dépens, doit remettre au secrétaire les originaux des notifications des différentes significations qu'elle aura faites, tant à sa partie qu'aux témoins ou experts, ou gens de l'art, s'il y en a eu d'employés, et l'expédition du jugement exprimera le résultat de la taxe des dépens qui seront liquidés par le juge, compris le coût de la délivrance et de la signification du jugement.

CHAPITRE II.

Procédure des prud'hommes sur diverses matières.

SECTION Ire.

DU TROUBLE DE L'ORDRE ET DE LA DISCIPLINE DANS UN ATELIER (1).

XXX. *Plainte.*

Cejourd'hui . . . . . , par-devant le bureau général du conseil de prud'hommes de la ville de . . . ., s'est présenté le sieur . . . . , lequel a déclaré que . . . . (*motifs de la plainte, noms des délinquants*), et requis que, pour prévenir désormais de semblables troubles, la peine prononcée par la loi fût appliquée aux délinquants, déclarant qu'il a pour témoins du

(1) L'art. 4 du décret du 3 août 1810 attribue aux prud'hommes la connaissance des délits tendant à troubler l'ordre et la discipline d'un atelier, et les autorise à prononcer contre les délinquants un emprisonnement de trois jours. Dans le cas où le trouble et l'indiscipline règnent dans un atelier, le maître-fabricant ou le chef de l'atelier peut porter sa plainte devant le conseil de prud'hommes, qui doit nommer un ou plusieurs de ses membres pour se transporter sur les lieux, prendre connaissance des faits, et en faire le rapport au bureau général, ou citer les coupables à comparaître devant lui, entendre les témoins s'il est nécessaire, et prononcer contre eux la peine portée par la loi ; et, dans le cas où le délit encoure une peine plus considérable que celle qu'il est autorisé à prononcer, les dénoncer au procureur impérial, auquel il remettra la plainte, la déposition des témoins, et toutes les pièces qui servent à constater la gravité du délit.

délit dont il rend plainte, le sieur . . . . . et le sieur
. . . . . , et a signé.

(Signatures.)

XXXI. *Ordonnance sur plainte.*

Sur la plainte présentée cejourd'hui . . . . . au bureau général du conseil de prud'hommes, de . . . , par le sieur . . . . , pour . . . . , nous . . . . , président dudit conseil des prud'hommes, ordonnons que MM. . . . . . et . . . . , membres dudit bureau général, se transporteront sur-le-champ dans l'atelier dudit sieur . . . . , pour y prendre connaissance des faits dont il se plaint, entendre les délinquants et les témoins, et du tout faire leur rapport, *ou* dresser procès-verbal, qui sera remis au bureau général.

A . . . . . , ce . . . . .

(Signature.)

XXXII. *Procès-verbal sur le lieu.*

Cejourd'hui . . . . , nous . . . . . et . . . . . . membres du bureau général du conseil de prud'hommes de la ville de . . . . , désignés par ordonnance de ce jour, du président dudit bureau, pour nous transporter dans l'atelier du sieur . . . . , à l'effet d'y prendre connaissance du trouble et de l'indiscipline qui y règne, d'en constater la cause et les auteurs ;

Nous sommes transportés dans ledit atelier, où nous avons trouvé . . . . *(expliquer ce qu'ils ont observé, ce qu'ils ont dit, ce qui leur a été répondu ; faire mention de la déposition des témoins, s'ils en ont entendu).*

Et avons du tout dressé le présent procès-verbal.

(Signatures.)

XXXIII. *Cédule pour faire comparaître les délinquants dans le jour ou à bref délai.*

Nous . . . . , président du conseil des prud'hommes de . . . , sur ce qui nous a été exposé par le sieur . . . . , que . . . . (*la plainte*) ; considérant qu'il y a urgence, mandons et ordonnons à notre huissier, ou à tout autre sur ce requis, qu'il ait à citer les sieurs . . . . et . . . . , et . . . . , à comparaître cejourd'hui . . . . heure . . . . midi . . . . . , par-devant ledit bureau général, pour y répondre sur les faits énoncés dans la plainte rendue contre eux par ledit sieur . . . . .

A . . . ce . . . . .

(Signature.)

Le président peut mander aussi les délinquants par simple avertissement, et n'employer la citation que dans le cas où ils ne se rendraient pas à son avertissement.

XXXIV. *Cédule pour faire assigner les témoins.*

Nous . . . . . , président du conseil de prud'hommes de la ville de . . . . . , mandons à notre huissier, ou à tout autre sur ce requis, qu'il ait à citer à comparaître devant le bureau général dudit conseil, cejourd'hui . . . . , *ou* le . . . . heure . . . . . midi, les sieurs . . . . , et . . . . et . . . . . , pour y déposer comme témoins sur les faits qui leur seront expliqués.

A . . . . ce . . .

(Signature)

Les témoins peuvent aussi être mandés par un simple avertissement.

XXXV. *Jugement par défaut.*

L'an . . . , etc., entre le sieur . . . , plaignant,

et les sieurs . . . . , défendeurs, non comparants.

Le bureau général, après avoir entendu la plainte dudit sieur . . . . , le rapport fait par MM. . . . , et la déposition des sieurs . . . . et . . . . , considérant que . . . . , condamne par défaut les sieurs . . . et . . . . à trois jours d'emprisonnement dans la maison de . . . . , conformément à l'art. 4 du décret impérial du 5 août 1810, qui porte . . . ; fait défense auxdits sieurs de récidiver, et les condamne aux dépens, etc. . . . .

Fait et jugé, etc. . . . .

(Signatures.)

XXXVI. Jugement contradictoire.

L'an. . . . . etc.

Entre le sieur . . . . . plaignant et demandeur, suivant la citation donnée à sa requête le . . . . . , par . . . . . . huissier attaché au conseil, laquelle a été enregistrée le . . . . comparant d'une part ;

Et les sieurs . . . . . et . . . . prévenus et défendeurs, d'autre part.

Point de fait.

Le sieur . . . . . a rendu plainte . . . . . . (énoncer les faits de la procédure.)

Point de droit.

La question à juger est de savoir . . . . . . (établir la question.)

Le bureau général, après avoir entendu le sieur . . . . plaignant et demandeur, en ses conclusions ;

Après avoir entendu pareillement les sieurs . . . et . . . . . défendeurs :

Attendu qu'il résulte du rapport de MM. . . . . . qui se sont transportés dans l'atelier dudit sieur . . . pour y prendre connaissance des faits, en exécution de l'ordonnance du président dudit conseil, du . . . que . . . . . ;

Ou attendu qu'il résulte des déclarations des témoins qui viennent d'être entendus, que . . . . ;

Ou attendu que lesdits sieurs . . . . . et . . . . . ne méconnaissent pas que . . . . .

Déclare lesdits sieurs . . . . coupables de . . . . .

Et vu l'art. 4 du titre II du décret impérial du 3 août 1810, qui porte (*relater l'article*),

Condamne lesdits sieurs . . . . . et . . . à . . . . jours d'emprisonnement dans (*indiquer le lieu*).. (*si du trouble et de l'indiscipline, il en était résulté du dégât ou de la perte*) et à payer audit sieur . . . . pour dommages et intérêts, ou pour indemnité, la somme de . . . . fait défense auxdits sieurs . . . et . . . . de récidiver, et les condamne en outre aux dépens liquidés à la somme de . . . . compris le coût et la signification du présent jugement.

Ainsi jugé, etc.   (*Signatures.*)

SECTION II.

DU MANQUEMENT GRAVE DES APPRENTIS ENVERS LEURS MAITRES (1).

XXXVII. *Déclaration contre un apprenti.*

Cejourd'hui . . . . . , devant le bureau général du conseil de prud'hommes de la ville de . . . . . , s'est présenté le sieur . . . . . , maître-fabricant de . . . . . , *ou* chef d'atelier de . . . . . *ou* contre-maître de . . . . . , lequel a déclaré que le sieur . . .

(1) L'art. 4 du décret du 3 août 1810 porte aussi la peine d'emprisonnement contre les apprentis qui manquent d'une manière grave à leurs maîtres. Dans ce cas, il suffira que le maître en fasse sa déclaration, attestée par deux témoins, au bureau général, et sur cette déclaration le président peut mander l'apprenti, et rendre une ordonnance qui lui enjoigne de se rendre en prison.

Si l'apprenti, sur l'avertissement de se rendre au bureau

. . . . . , âgé de . . . . . ans, son apprenti, se serait permis de lui manquer d'une manière grave, en (*expliquer le fait*) présence des sieurs . . . . . et . . . . . , amenés avec lui pour en attester la vérité; pourquoi il requiert que ledit bureau général, pour punition de manque grave de la part dudit . . . . . apprenti, envers sa personne, et pour exemple, prononce contre ledit sieur la peine portée par l'art. 4 du décret du 5 août 1810, et lui fasse défense de récidiver à l'avenir.

Et a ledit sieur . . . . . , signé sa déclaration avec les sieurs . . . . . et . . . . . et ses témoins.

(Signatures.)

XXXVIII. *Ordonnance d'emprisonnement pour un apprenti.*

Nous . . . . . , président du conseil de prud'hommes, d'après la déclaration que vient de faire le sieur . . . . . du manque grave de la part du sieur . . . . . , apprenti, envers sa personne, lequel consiste en . . . . . , ainsi que l'attestent les sieurs . . . . . . et . . . . . , et d'après l'aveu qu'en fait ledit sieur . . . . . ordonnons que pour punition dudit manque grave de la part dudit sieur . . . . , envers la personne dudit sieur . . . . , son maître, auquel il doit respect et obéissance, et pour servir d'exemple dans l'atelier, conformément aux dispositions de l'art. 4 du titre IV du décret impérial du 5 août 1810, ledit sieur . . . . . se rendra cejourd'hui . . . . . . dans la maison de . . . . et y gardera prison

général, ne comparaît pas, le président lui fera notifier par huissier, et à ses frais, ou aux frais de ses parents, son ordonnance,

Si l'apprenti ne défère point à l'ordonnance du président, l'expédition de cette ordonnance, certifiée par le secrétaire, sera mise à exécution par le premier agent de police ou de la force publique.

l'espace de . . . . . jours; et faute par lui de déférer à la présente ordonnance, il y sera contraint par la force publique. Et lui faisons défense de récidiver.

A . . . . . , ce . . . . .

(*Signature.*)

SECTION III.

DES DÉLITS COMMIS DANS LES ATELIERS (1).

XXXIX. *Dénonciation et plainte pour délits.*

Cejourd'hui . . . . . , par-devant le bureau général du conseil de prud'hommes de . . . . . . est comparu le sieur . . . . . , lequel lui a remis la dénonciation qui suit, écrite et signée de sa main, *ou* a requis de rédiger la déclaration qui suit . . . . . (*détailler les faits*).

Et a signé la présente, dont il a requis acte qui lui a été octroyé.

(*Signatures.*)

(1) Les prud'hommes, comme on l'a vu sont chargés par les art. 10, 11, 12, 13 du titre II du décret du 18 mars 1806 de constater les délits commis dans les ateliers; et de renvoyer les pièces de conviction aux tribunaux compétents. Par l'art. 28 du décret du 11 juin 1809, ils sont autorisés à prendre toutes les mesures qu'ils jugeront nécessaires pour empêcher que les objets qui donnent lieu à une réclamation ne soient enlevés ou déplacés.

Ainsi, d'après les dispositions de ces articles, ils doivent recevoir les plaintes qui leur sont adressées, faire constater, par des visites sur les lieux et des procès-verbaux, les délits qui sont énoncés dans ces plaintes, faire saisir et arrêter les objets qui sont la matière de ces délits, ou qui peuvent servir de conviction, et transmettre au procureur impérial toutes les pièces, renseignements et objets concernant ces délits.

Vu laquelle dénonciation et plainte, nous . . . .
président dudit conseil de prud'hommes, attendu
que le délit qui y est énoncé ne peut être constaté
que par le transport sur les lieux, disons que MM. . . .
. . . . membres dudit bureau général, accompagnés du secrétaire, se transporteront cejourd'hui
. . . . . , *ou* demain . . . . heures . . . . .
dans l'atelier dudit sieur . . . . . , à l'effet d'y prendre connaissance des faits, et obtenir tous les renseignements et éclaircissements nécessaires propres
à constater le délit et du tout dresser leur procès-
verbal, d'après lequel il sera statué ainsi qu'il appartiendra.

(Signatures.)

XL. *Procès-verbal de transport sur les lieux.*

Cejourd'hui . . . . heures . . . . midi . . . ,
nous, membres du bureau général du conseil de
prud'hommes de la ville de . . . . , désignés par
le président dudit bureau général, pour nous transporter à . . . . , à l'effet d'y constater . . . .
(*la nature du délit.*)

Nous sommes rendus audit . , . . , où étant arrivés nous avons . . . .
(*exprimer ce qui s'est passé; faire mention des
demandes et réponses du prévenu; faire pareillement mention des témoins qui auraient pu être
entendus, et de leurs dépositions : s'ils ont jugé
convenable de saisir quelques objets, indiquer le
motif et l'endroit où ils les ont déposés, et à la
garde de qui ils les ont confiés*).

De tout ce que dessus, nous avons fait et rédigé le
présent, que le prévenu, le plaignant, les témoins ont
signé avec nous, et le secrétaire.

(Signatures.)

XLI. *Renvoi devant le tribunal compétent.*

L'an . . . . . , etc., le bureau général du conseil de prud'hommes de . . . . , , après avoir entendu le rapport, *ou* lecture du procès-verbal de MM. . . . . , membres dudit bureau, nommés à l'effet de se transporter à . . . . . , pour y constater les faits énoncés dans la plainte qui lui a été présentée par le sieur . . . . , le . . . . . Vu qu'il résulte dudit rapport, *ou* dudit procès-verbal qu'il existe un délit de la part du sieur . . . . . , qui . . . . , et que ce délit n'est point de sa compétence, renvoie le sieur . . . plaignant, à se pourvoir par-devant le tribunal de . . . . . , au procureur impérial duquel seront de suite remis la plainte dudit sieur . . . . . et le procès-verbal desdits MM. . . . . . , ainsi que copie du présent.

A . . . . , ce . . . .

(Signatures.)

SECTION IV.

DES USURPATIONS ET CONTREFAÇONS DE BREVETS D'INVENTION, MARQUES ET DESSINS (1).

—

XLII. *Dépôt d'une marque au secrétariat.*

Cejourd'hui . . . . s'est présenté au secrétariat du conseil de prud'hommes de . . . . . le sieur . . . . .

(1) La conservation des propriétés industrielles étant confiée aux conseils de prud'hommes, il s'ensuit que c'est devant eux que doivent être intentées les actions en usurpation ou contrefaçon de brevets d'invention, marques et dessins.

Mais ces actions en contrefaçons de marques ou dessins ne peuvent avoir lieu qu'autant que les plaignants auront rempli les formalités du dépôt de ces marques ou dessins au secrétariat desdits conseils, ordonnées par la loi.

lequel y a exhibé, à nous secrétaire dudit conseil, une marque en . . . consistant en . . . qu'il a déclarée être la sienne, dont il se sert pour en frapper *ou* en empreindre les ouvrages de sa fabrication, et nous a requis conformément aux articles 7, 8 et 9 du décret impérial du 11 juin 1809, de recevoir le dépôt *ou* l'empreinte sur les tables communes, de ladite marque, et d'en faire l'enregistrement sur le registre à ce destiné, ce que nous lui avons octroyé, et lui avons délivré le présent pour lui servir et valoir au besoin.

(Signature.)

XLIII. *Dépôt d'un dessin au secrétariat.*

Cejourd'hui . . . . . s'est présenté au secrétariat du conseil de prud'hommes de . . . . . le sieur . . . . , lequel y a exhibé, à nous secrétaire dudit conseil, un paquet sous enveloppe revêtue de son cachet, ou de sa signature, qu'il nous a déclaré contenir un échantillon du dessin de son invention, dont il entend se réserver la propriété exclusive pendant (*désigner le temps*) *ou* à perpétuité, et nous a requis, conformément aux articles 15, 16, 17 et 18 du décret impérial du 18 mars 1806, de recevoir le dépôt dudit dessin et d'en faire enregistrement sur le registre à ce destiné, ce que nous lui avons octroyé ; et après avoir apposé sur ledit paquet le sceau du conseil et le nᵒ . . . , qui est celui de son enregistrement, nous avons délivré le présent audit sieur . . . . , pour lui servir et valoir au besoin (1).

(Signature.)

(1) Le propriétaire d'une marque, d'un dessin, qui aura à se plaindre d'une usurpation ou d'une contrefaçon de la part d'un marchand-fabricant, doit, sur la présentation du procès-verbal de dépôt de sa marque ou dessin, requérir d'un officier de police la saisie des objets, faire sa dénonciation au bureau général.

Le bureau général, sur cette dénonciation, doit désigner

XLIV. *Dénonciation en contrefaçon de marque ou de dessin.*

Cejourd'hui . . . . . . s'est présenté devant le bureau général du conseil de prud'hommes de . . . . . le sieur . . . . . lequel a déclaré qu'instruit que dans l'atelier ou les magasins du sieur . . . . . . il existait des marchandises de la fabrication dudit sieur . . . , marquées de . . . . qui est la marque dont se sert ledit sieur . . . . comme étant sa propriété, et dont il a fait le dépôt au secrétariat du conseil de prud'hommes, le . . . . . , il a fait saisir lesdites marchandises par le commissaire de police de , . . , le . . . . . , qui les a laissées à la garde du sieur . . . . , pourquoi il requiert du bureau général que deux de ses membres se transportent de suite dans . . . , où sont déposées lesdites marchandises saisies, à l'effet d'y constater la contrefaçon de sa marque de la part dudit sieur . . . , et a signé.

(Signature.)

XLV.

Vu ladite dénonciation en contrefaçon de marque, nous . . . , président du bureau général du conseil de prud'hommes de . . . , disons que MM , ... et . . . . . se transporteront, accompagnés du secrétaire, ... heures . . . . midi dans . . .

deux de ses membres pour se transporter dans l'atelier ou les magasins du marchand-fabricant dénoncé, à l'effet d'y constater le délit.

Si le délit se trouve constaté par le rapport, ou le procès-verbal des membres qui se seront transportés sur les lieux, le président doit donner au plaignant une cédule à notifier par l'huissier, au coupable, afin de comparaître par-devant le bureau général au jour et à l'heure qu'il lui indiquera, pour répondre sur la plainte .

Si le coupable ne comparaît point, le bureau général le condamnera par défaut.

. . . , à l'effet d'y vérifier si les objets que ledit sieur . . . . . a fait saisir portent une marque qui constate le délit de contrefaçon de la part dudit sieur . . . ; dresser procès-verbal qui sera remis au bureau général, pour, d'après icelui, être statué ce qu'il appartiendra.

A . . . . l'an et jour susdit.

(Signature.)

XLVI. *Procès-verbal de visite sur les lieux.*

Cejourd'hui . . . . heure . . . . , nous . . . . . . membres du bureau général du conseil de prud'hommes de . . . . . , désignés par le président dudit conseil, pour vérifier si les marchandises que le sieur . . . . . a fait saisir dans . . . . . du sieur . . . . . , sont empreintes ou frappées d'une marque qui constate le délit de la contrefaçon de la part dudit sieur . . . .

Nous sommes transportés, accompagnés du secrétaire, dans . . . , où étant arrivés, il nous a été représenté par le sieur (*désigner les marchandises ou objets saisis, décrire la marque qu'ils portent*).

Comparaison faite de la marque dont sont empreints ou frappés lesdits objets, avec la marque dudit sieur . . . . , déposée au secrétariat du conseil de prud'hommes de . , . . , le . . . . , nous avons reconnu que . . . (*s'il y a, ou non, contrefaçon, ou seulement ressemblance*).

Et de tout ce que dessus avons fait et rédigé le présent, que nous avons signé avec le secrétaire l'an et jour susdits.

(Signatures.)

Si le procès-verbal constate qu'il y a contrefaçon, le président donne une cédule pour faire comparaître le délinquant, comme on l'a dit ci-dessus.

XLVII. *Jugement en contrefaçon de marque.*

L'an, etc., (*comme aux autres jugements.*)

Point de fait.

Le sieur . . . . . a dénoncé, comme coupable de contrefaçon de sa marque, le sieur . . .

Point de droit.

La question à juger est de savoir si . . . . .

Le bureau général, aprés avoir entendu le sieur . . . . . demandeur, qui a conclu à . . . . . .

Aprés avoir pareillement entendu le sieur . . . . . défendeur, qui a conclu . . . . . .

Attendu qu'il résulte du procès-verbal de MM . . . . . . qui ont fait vérification desdites marques que . . . . .

Attendu que ledit sieur . . . . . déclare ledit sieur . . . . . , coupable de contrefaçon de marque envers ledit sieur . . . .

Et vu les articles 1, 2, titre I et II du décret impérial du 5 septembre 1810, qui portent (*citer ses articles*).

Condamne ledit sieur . . . . . à l'amende de . . . . . . francs, ordonne que les marchandises . . . . . saisies seront et demeureront confisquées au profit dudit sieur . . . . , que ledit sieur . . . . . payera en outre audit sieur . . . . . pour dommages et intérêts, la somme de . . . . fr.; que le présent jugement sera imprimé et affiché dans la ville de . . . . , jusqu'à la concurrence de . . . . exemplaires aux frais dudit sieur . . . . ; et condamne en outre ledit sieur, aux dépens montant à la somme de . . . . fr.; compris le coût et la signification du présent (1).

Ainsi jugé, etc.

(Signatures.)

(1) S'il résulte du rapport ou du procès-verbal des mem-

XLVIII. *Jugement sur fausse dénonciation en contrefaçon.*

L'an . . . etc. (*comme au jugement ci-dessus*),

Le bureau général, etc., déclare que ledit sieur . . . . . . n'est point coupable de contrefaçon de marque envers ledit sieur . . . . . et à tort la saisie que ledit sieur . . . . . a fait faire des marchandises dudit sieur . . . . , et ordonne que main-levée lui en sera donnée dans les vingt-quatre heures, sinon que la signification du présent au sieur . . . . , gardien desdites marchandises saisies, en tiendra lieu et servira de décharge audit gardien . . . . . ; et pour le trouble et le préjudice que ladite saisie et ladite dénonciation ont fait éprouver audit sieur . . . . , condamne ledit sieur . . . . , à lui payer par forme de dommages et intérêts la somme de . . . . . fr., et le condamne en outre aux dépens liquidés et taxés à la somme de . . . . y compris le coût et la signification du présent.

Ainsi jugé, etc.

(Signatures.)

bres du conseil de prud'hommes, que la dénonciation en contrefaçon est fausse, et par conséquent que la saisie des marchandises n'est pas fondée, le marchand-fabricant faussement dénoncé et injustement saisi, obtiendra du président une cédule pour faire citer son dénonciateur à comparaître à jour indiqué, à bref délai, afin d'avoir main-levée de la saisie, et obtenir contre lui des dommages et intérêts proportionnés au trouble et au préjudice qu'il aurait éprouvé.

(1) Pour la contrefaçon d'un dessin ou l'usurpation d'une marque on doit suivre la même procédure.

S'il ne s'agissait que d'une simple contestation entre deux fabricants, sur la suffisance ou insuffisance de différence entre des marques déjà adoptées, et de nouvelles qui seraient proposées ou même existantes, alors il faudrait prendre la marche ordinaire de la procédure, faire citer en

XLIX. *Procès-verbal de visite dans une fabrique de savon.*

Cejourd'hui . . . . , nous, membres du conseil de prud'hommes de la ville de . . . . , désignés par le président dudit conseil, pour faire dans les fabriques de savon de ladite ville, de . . . et dans les lieux de débit de savon dans ladite ville les visites ordonnées par l'article 5 du décret impérial du 1ᵉʳ avril 1811,

Nous sommes transportés dans la fabrique de savon du sieur . . . . , fabricant, où nous avons trouvé (*exprimer le nombre de caisses et leur contenance de briques de savon*) non empreintes de la marque dudit sieur . . . , fabriquant ou empreintes de fausse marque (*désigner la marque dont étaient empreintes les briques de savon*), toutes lesquelles caisses de savon nous avons fait saisir par le ministère de . . . . , huissier attaché audit conseil de prud'hommes, et les avons laissées à la garde du sieur . . . ;

conciliation devant le bureau particulier, et en cas de non conciliation, porter l'affaire devant le bureau général.

Le décret impérial du 1ᵉʳ avril 1811, charge les prud'hommes de faire des visites dans les fabriques de savon et dans les lieux où il se débite, et de faire saisir les briques de savon qui ne sont pas empreintes d'une marque déposée au secrétariat du conseil de prud'hommes, qui doit être différente pour le savon fabriqué à l'huile d'olive, pour celui fabriqué à l'huile de graines, et pour celui fabriqué au suif ou à la graisse, ou qui sont empreintes d'une fausse marque.

Ainsi les prud'hommes qui, dans leurs visites dans les fabriques de savon, ou dans les lieux où il se débite, trouveraient des briques non marquées, ou qu'ils reconnaîtraient faussement marquées, doivent les faire saisir par huissier, citer les contrevenants devant le bureau général aux fins de voir prononcer la saisie valable, et s'entendre condamner à une amende, conformément à l'art. 3 du décret du 1ᵉʳ avril 1811.

et avons fait citer ledit sieur . . . . , par ledit sieur . . . . , huissier du conseil, à comparaître par-devant le bureau général dudit conseil de prud'hommes, le . . . . heure . . . . midi, pour entendre prononcer la confiscation desdites caisses, et s'entendre condamner à l'amende et aux dépens.

Et avons rédigé le présent, que nous avons signé, l'an et jour susdits.

(Signatures.)

L. *Jugement sur contravention de marque de savon.*

L'an . . . . , etc.

Le bureau général du conseil de prud'hommes de . . . . , après avoir entendu la lecture du procès-verbal dressé par MM. . . . . , membres dudit conseil, désignés pour faire des visites dans les fabriques de savon, à l'effet d'y constater les contraventions commises par les fabricants, lequel procès-verbal constate que (*rapporter ce qui est relaté dans le procès-verbal*);

Après avoir pareillement entendu le sieur . . . . , lequel a dit (*rappeler ce qu'il a dit pour sa défense*) :

Attendu que . . . .

Déclare ledit sieur . . . . en contravention à l'art. 1 ou 2 du décret impérial du 1er avril 1810 ;

Et en exécution de l'article 5 dudit décret du 1er avril 1810, qui porte (*relater l'article*).

DEUXIÈME PARTIE

LOIS

DONT LA CONNAISSANCE PEUT ÊTRE UTILE AUX PRUD'HOMMES.

31 *décembre* 1790. — 7 *janvier* 1791.

Loi sur les découvertes utiles et les moyens d'assurer la propriété à ceux qui seront reconnus en être les auteurs.

L'assemblée nationale, considérant que toute idée nouvelle dont la manifestation ou le développement peut devenir utile à la société, appartient primitivement à celui qui l'a conçue, et que ce serait attaquer les *droits de l'homme* dans leur essence que de ne pas regarder une découverte industrielle comme la propriété de son auteur; considérant en même temps combien le défaut d'une déclaration positive et authentique de cette vérité peut avoir contribué jusqu'à présent à décourager l'industrie française en occasionnant l'émigration de plusieurs artistes distingués, et en faisant passer à l'étranger un grand nombre d'inventions nouvelles, dont cet empire aurait dû tirer les premiers avantages; considérant enfin que tous les principes de justice, d'ordre public et d'intérêt national lui commandent impérieusement de fixer désormais l'opinion des citoyens français sur ce genre de propriété, par une loi qui la consacre et qui la protège, décrète ce qui suit :

ART. 1er. Toute découverte ou nouvelle invention dans tous les genres d'industries est la propriété de son auteur; en conséquence, la loi lui en garantit la pleine et entière jouissance suivant le mode et pour le temps qui seront ci-après déterminés.

2. Tout moyen d'ajouter à quelque fabrication que ce puisse être, un nouveau genre de perfection, sera regardé comme une invention.

3. Quiconque apportera le premier en France une découverte étrangère, jouira des mêmes avantages que s'il en était l'inventeur.

4. Celui qui voudra conserver ou s'assurer une propriété industrielle du genre de celles énoncées aux précédents articles, sera tenu,

1° De s'adresser au secrétariat du directoire de son département, et d'y déclarer par écrit si l'objet qu'il présente est d'invention, de perfection, ou seulement d'importation;

2° De déposer, sous cachet, une description exacte des principes, moyens et procédés qui constituent la découverte, ainsi que les plans, coupes, dessins et modèles qui pourraient y être relatifs, pour ledit paquet être ouvert au moment où l'inventeur recevra son titre de propriété.

5. Quant aux objets d'une utilité générale, mais d'une exécution trop simple et d'une imitation trop facile pour établir aucune spéculation commerciale, et dans tous les cas, lorsque l'inventeur aimera mieux traiter directement avec le gouvernement, il lui sera libre de s'adresser, soit aux assemblées administra-tives, soit au corps législatif, s'il y a droit, pour confier sa découverte, en démontrer les avantages, et solliciter une récompense.

6. Lorsque l'inventeur aura préféré, aux avantages personnels assurés par la loi, l'honneur de faire jouir sur-le-champ la nation des fruits de sa découverte, ou invention, et lorsqu'il prouvera, par la notoriété publique et par des attestations légales, que cette

découverte ou invention est d'une véritable utilité, il pourra lui être accordé une récompense sur les fonds destinés aux encouragements de l'industrie.

7. Afin d'assurer à tout inventeur la propriété et la jouissance temporaire de son invention, il lui sera délivré un *titre* ou *patente* selon la forme indiquée dans le règlement qui sera dressé pour l'exécution du présent décret.

8. Les patentes seront données pour cinq, dix ou quinze années, au choix de l'inventeur; mais ce dernier terme ne pourra jamais être prolongé sans un décret particulier du corps législatif.

9. L'exercice des patentes accordées pour une découverte importée d'un pays étranger, ne pourra s'étendre au delà du terme fixé dans ce pays à l'exercice du premier inventeur.

10. L'inventeur sera tenu, pour obtenir lesdites patentes, de s'adresser au directoire de son département, qui en requerra l'expédition. La patente envoyée à ce directoire y sera enregistrée, et il en sera en même temps donné avis, par le ministre de l'intérieur, aux directoires des autres départements.

11. Il sera libre à tout citoyen d'aller consulter, au secrétariat de son département, le catalogue des inventions nouvelles; il sera libre de même à tout citoyen domicilié de consulter, au dépôt général établi à cet effet, les spécifications des différentes patentes actuellement en exercice : cependant les descriptions ne seront point communiquées dans le cas où l'inventeur, ayant jugé que des raisons politiques ou commerciales exigent le secret de sa découverte, se serait présenté au corps législatif pour lui exposer ses motifs, et en aurait obtenu un décret particulier sur cet objet.

Dans le cas où il sera déclaré qu'une description demeurera secrète, il sera nommé des commissaires pour veiller à l'exactitude de la description, d'après la vue des moyens et procédés, sans que l'auteur cesse pour cela d'être responsable, par la suite, de cette exactitude.

12. Le propriétaire d'une patente jouira privativement de l'exercice et des fruits des découvertes, inventions ou perfections pour lesquelles ladite patente aura été obtenue ; en conséquence, il pourra traduire les contrefacteurs devant les tribunaux. Lorsque les contrefacteurs seront convaincus, ils seront condamnés à payer à l'inventeur, des dommages et intérêts proportionnés à l'importance de la contrefaçon, et en outre à verser dans la caisse des pauvres du district une amende fixée au quart du montant desdits dommages et intérêts, sans toutefois que ladite amende puisse excéder la somme de trois mille francs : au double, en cas de récidive.

13. Dans le cas où la dénonciation pour contrefaçon se trouverait dénuée de preuves, l'inventeur sera condamné envers sa partie adverse à des dommages et intérêts proportionnés au trouble et au préjudice qu'elle aura pu en éprouver, et en outre à verser dans la caisse des pauvres du district une amende fixée au quart du montant desdits dommages et intérêts, sans toutefois que ladite amende puisse excéder la somme de trois mille francs ; et au double, en cas de récidive.

14. Tout propriétaire de patente aura droit de former des établissements dans toute l'étendue de l'empire, et même d'autoriser d'autres particuliers à faire l'application et usage de ses moyens et procédés ; et dans tous les cas il pourra disposer de sa patente comme d'une propriété mobilière.

15. A l'expiration de chaque patente, la découverte ou invention devant appartenir à la société, la description en sera rendue publique, et l'usage en deviendra permis dans tout l'empire, afin que tout citoyen puisse librement en jouir, à moins qu'un décret du corps législatif n'ait prorogé l'exercice de la patente, ou n'en ait ordonné le secret dans les cas prévus par l'art. 11.

16. La description de la découverte énoncée dans une patente sera de même rendue publique, et l'usage des moyens et procédés relatifs à cette découverte sera aussi déclaré libre dans tout l'empire, lorsque le propriétaire de la patente en sera déchu, ce qui n'aura lieu que dans les cas ci-après déterminés.

1° Tout inventeur convaincu d'avoir, en donnant sa description, recelé les véritables moyens d'exécution, sera déchu de sa patente.

2° Tout inventeur convaincu de s'être servi, dans ses fabrications, de moyens secrets qui n'auraient point été détaillés dans sa description, ou dont il n'aurait pas donné sa déclaration pour les faire ajouter à ceux énoncés dans sa description, sera déchu de sa patente.

3° Tout inventeur, ou se disant tel, qui sera convaincu d'avoir obtenu une patente pour des découvertes déjà consignées et décrites dans des ouvrages imprimés et publiés, sera déchu de sa patente.

4° Tout inventeur qui, dans l'espace de deux ans, à compter de la date de sa patente, n'aura point mis sa découverte en activité, et qui n'aura point justifié des raisons de son inaction, sera déchu de sa patente.

5° Tout inventeur qui, après avoir obtenu une patente en France, sera convaincu d'en avoir pris une pour le même objet en pays étranger, sera déchu de sa patente.

6° Enfin tout acquéreur du droit d'exercer une découverte énoncée dans une patente, sera soumis aux mêmes obligations que l'inventeur ; et s'il y contrevient, la patente sera révoquée, la découverte publiée, et l'usage en deviendra libre dans tout le royaume.

17. N'entend l'assemblée nationale porter aucune atteinte aux priviléges exclusifs ci-devant accordés pour inventions et découvertes, lorsque toutes les formes légales auront été observées pour ces privi-

léges, lesquels auront leur plein et entier effet; et seront au surplus les possesseurs de ces anciens priviléges, assujettis aux dispositions du présent décret.

Les autres priviléges fondés sur de simples arrêts du conseil, ou sur des lettres-patentes non enregistrées, seront convertis, sans frais, en *patentes*, mais seulement pour le temps qui leur reste à courir, en justifiant que lesdits priviléges ont été obtenus pour découvertes et inventions du genre de celles énoncées aux précédents articles.

Pourront les propriétaires desdits anciens priviléges enregistrés, et de ceux convertis en patentes, en disposer à leur gré, conformément à l'art. 14.

18. Le comité d'agriculture et de commerce, réuni au comité des impositions, présentera à l'assemblée nationale un projet de règlement qui fixera les taxes des patentes d'inventeurs, suivant la durée de leur exercice, et qui embrassera tous les détails relatifs à l'exécution des divers articles contenus au présent décret.

—

14-25 *mai* 1791.

Loi portant règlement sur la propriété des auteurs d'inventions et découvertes en tout genre d'industrie.

TITRE PREMIER.

ART. 1er. En conformité des trois premiers articles de la loi du 7 janvier 1791, relative aux nouvelles découvertes et inventions en tout genre d'industrie, il sera délivré sur une simple requête au roi, et sans examen préalable, des patentes nationales, sous la dénomination de *brevets d'invention*, à toutes personnes qui voudront exécuter ou faire exécuter, dans le royaume, des objets d'industrie alors inconnus.

2. Il sera établi, conformément à l'art. 11 de la loi, sous la surveillance et l'autorité du ministre de l'intérieur chargé de délivrer lesdits brevets, un dépôt général, sous le nom de *Directoire des brevets d'invention*, où ces brevets seront expédiés ensuite des formalités préalables, et selon le mode ci-après déterminé.

3. Le directoire des brevets d'invention expédiera lesdits brevets sur les demandes qui lui parviendront des secrétariats des départements. Ces demandes contiendront le nom du demandeur, sa proposition et sa requête au roi ; il y sera joint un paquet renfermant la description exacte de tous les moyens qu'on se propose d'employer, et à ce paquet seront ajoutés les dessins, modèles et autres pièces jugés nécessaires pour l'explication de l'énoncé de la demande, le tout avec la signature et sous le cachet du demandeur. Au dos de l'enveloppe de ce paquet sera inscrit un procès-verbal signé par le secrétaire du département et par le demandeur, auquel il sera délivré un double dudit procès-verbal, afin de constater l'objet de la demande, la remise des pièces, la date du dépôt, l'acquit de la taxe ou la soumission de la payer suivant le prix et dans les délais qui seront fixés au présent réglement.

4. Les directoires des départements, non plus que le directoire des brevets d'invention, ne recevront aucune demande qui contienne plus d'un objet principal avec les objets de détail qui pourront y être relatifs.

5. Les directoires des départements seront tenus d'adresser au directoire des brevets d'invention, les paquets des demandeurs, revêtus des formes ci-dessus prescrites, dans la semaine même où la demande aura été présentée.

6. A l'arrivée de la dépêche du secrétariat du département ou directoire des brevets d'invention, le procès-verbal inscrit au dos du paquet sera enregis-

tré, le paquet sera ouvert, et le brevet sera sur-le-champ dressé. Le brevet renfermera une copie exacte de la description, ainsi que des dessins et modèles annexés au procès-verbal ; ensuite de quoi ledit brevet sera scellé et envoyé au département sous le cachet du directoire des brevets d'invention : il sera en même temps adressé à tous les tribunaux et départements du royaume une *proclamation du roi*, relative au brevet d'invention, et ces proclamations seront enregistrées par ordre de date, et affichées dans lesdits tribunaux et départements.

7. Les descriptions des objets dont le corps législatif, dans les cas prévus par l'art. 11 de la loi du 7 janvier, aura ordonné le secret, seront ouvertes et inscrites par numéros au directoire des inventions, dans un registre particulier, en présence de commissaires nommés à cet effet, conformément audit article de la loi ; ensuite ces descriptions seront cachetées de nouveau, et procès-verbal en sera dressé par lesdits commissaires. Le décret qui aura ordonné de les tenir secrètes, sera transcrit au dos du paquet ; il en sera fait mention dans la proclamation du roi, et le paquet demeurera cacheté jusqu'à la fin de l'exercise du brevet : à moins qu'un décret du corps législatif n'en ordonne l'ouverture,

8. Les prolongations des brevets qui, dans des cas très-rares, et pour des raisons majeures, pourront être accordées par le corps législatif, seulement pendant la durée de la législature, seront enregistrées dans un registre particulier, au directoire des inventions, qui sera tenu de donner connaissance de cet enregistrement aux différents départements et tribunaux du royaume.

9. Les arrêts du conseil, lettres patentes, mémoires descriptifs, tous documents et pièces relatives à des priviléges d'invention, ci-devant accordés pour des objets d'industrie, dans quelque dépôt public qu'ils se trouvent, seront réunis incessamment au directoire des brevets d'invention.

10. Les frais de l'établissement ne seront point à la charge du trésor public ; ils seront pris uniquement sur le produit de la taxe des brevets d'invention, et le surplus employé à l'avantage de l'industrie nationale.

TITRE II.

ART. 1ᵉʳ. Celui qui voudra obtenir un brevet d'invention sera tenu, conformément à l'art. 4 de la loi du 7 janvier, de s'adresser au secrétariat du directoire de son département, pour y remettre sa requête au roi, avec la description de ses moyens, ainsi que les dessins et modèles relatifs à l'objet de sa demande, conformément à l'art. 3 du titre premier ; il y joindra un état fait double et signé par lui, de toutes les pièces contenues dans le paquet : un de ces doubles devra être renvoyé au secrétariat du département par le directeur des brevets d'invention, qui se chargera de toutes les pièces par son *récépissé* au pied dudit état.

2. Le demandeur aura le droit, avant de signer le procès-verbal, de se faire donner communication du catalogue de tous les objets pour lesquels il aura été expédié des brevets, afin de juger s'il doit, ou non, persister dans sa demande.

3. Le demandeur sera tenu, conformément à l'article 3 du titre premier, d'acquitter au secrétariat du département la taxe du brevet, suivant le tarif annexé au présent règlement ; mais il lui sera libre de ne payer que la moitié de cette taxe, en présentant sa requête, et de déposer sa soumission d'acquitter le reste de la somme dans le délai de six mois.

4. Si la soumission du brevet n'est point remplie au terme prescrit, le brevet qui lui aura été délivré sera de nul effet ; l'exercice de son droit deviendra libre et il en sera donné avis à tous les départements par le directoire des brevets d'invention.

5. Toute personne pourvue d'un brevet d'invention sera tenue d'acquitter, en sus de la taxe dudit brevet, la taxe des patentes annuelles imposée à toutes les professions d'arts et métiers par la loi du 17 mars 1791.

6. Tout propriétaire de brevet qui voudra faire des changements à l'objet énoncé dans sa première demande, sera obligé d'en faire sa déclaration et de remettre la description de ses nouveaux moyens au secrétariat du département, dans la forme et de la manière prescrites par l'article 1er du présent titre, et il sera observé à cet égard les mêmes formalités entre les directoires des départements et celui des brevets d'invention.

7. Si ce breveté ne veut jouir privativement de l'exercice de ses nouveaux moyens que pendant la durée de son brevet, il lui sera expédié par le directoire des brevets d'invention un certificat dans lequel sa nouvelle déclaration sera mentionnée ainsi que la remise du paquet contenant la description de ses nouveaux moyens.

Il lui sera aussi libre de prendre successivement de nouveaux brevets pour lesdits changements, à mesure qu'il en voudra faire, ou de les faire réunir dans un seul brevet quand il les présentera collectivement.

Ces nouveaux brevets seront expédiés de la même manière et dans la même forme que les brevets d'invention, et ils auront les mêmes effets.

8. Si quelque personne annonce un moyen de perfection pour une invention déjà brevetée, elle obtiendra, sur sa demande, un brevet pour l'exercice privatif dudit moyen de perfection, sans qu'il lui soit permis, sous aucun prétexte, d'exécuter ou de faire exécuter l'invention principale ; et réciproquement, sans que l'inventeur puisse faire exécuter par lui-même le nouveau moyen de perfection.

Ne seront point mis au rang des *perfections in-*

dustrielles, les changements de formes ou de proportions, non plus que les ornements, de quelque genre que ce puisse être.

9. Tout concessionnaire de brevet obtenu pour un objet que les tribunaux auront jugé contraire aux lois du royaume, à la sûreté publique ou aux règlements de police, sera déchu de son droit, sans pouvoir prétendre d'indemnité ; sauf au ministère public à prendre, suivant l'importance du cas, telles conclusions qu'il appartiendra.

10. Lorsque le propriétaire d'un brevet sera troublé dans l'exercice de son droit privatif, il se pourvoira dans les formes prescrites pour les autres procédures civiles, devant le juge de paix, pour faire condamner le contrefacteur aux peines prononcées par la loi.

11. Le juge de paix entendra les parties et leurs témoins, ordonnera les vérifications qui pourront être nécessaires ; et le jugement qu'il prononcera sera exécuté provisoirement, nonobstant l'appel.

12. Dans le cas où une saisie juridique n'aurait pu faire découvrir aucun objet fabriqué ou débité en fraude, le dénonciateur supportera les peines énoncées dans l'art. 15 de la loi (du 7 janvier) ; à moins qu'il ne légitime sa dénonciation par des preuves légales, auquel cas il sera exempt desdites peines sans pouvoir néanmoins prétendre aucuns dommages et intérêts.

13. Il sera procédé de même en cas de contestation entre deux brevetés pour le même objet : si la ressemblance est déclarée absolue, le brevet de date antérieure demeurera seul valide ; s'il y a ressemblance en quelque partie, le brevet de date postérieure pourra être converti, sans payer de taxe, en brevet de perfection pour les moyens qui ne seraient pas énoncés dans le brevet de date antérieure.

14. Le propriétaire d'un brevet pourra contracter telle société qu'il lui plaira pour l'exercice de son

droit, en se conformant aux usages du commerce ; mais il lui sera interdit d'établir son entreprise par *actions*, à peine de déchéance de son brevet (1).

15. Lorsque le propriétaire d'un brevet aura cédé son droit en tout ou en partie (ce qu'il ne pourra faire qu'après un acte notarié), les deux parties contractantes seront tenues, à peine de nullité, de faire enregistrer ce transport au secrétariat de leurs départements respectifs ; lesquels en informeront aussitôt le directoire des brevets d'invention, afin que celui-ci en instruise les autres départements.

16. En exécution de l'art. 17 de la loi du 7 janvier, tous les possesseurs de priviléges exclusifs, maintenus par ledit article, seront tenus, dans le délai de six mois après la publication du présent règlement, de faire enregistrer au directoire d'invention les titres de leurs priviléges, et d'y déposer les descriptions des objets privilégiés, conformément à l'art. 1er du présent titre, le tout à peine de déchéance.

TITRE III.

Art. 1er. L'assemblée nationale renvoie au ministre de l'intérieur les mesures à prendre pour l'exécution du règlement sur la loi des brevets d'invention, et le charge de présenter incessamment à l'assemblée nationale les dispositions qu'il jugera nécessaires pour assurer cette partie du service public.

—

25 novembre 1806.

Décret impérial qui abroge une disposition de la loi du 25 mai 1791 sur la propriété des auteurs de découvertes.

La disposition de l'art. 14 du titre II de la loi du

(1) Cette disposition est modifié par le décret du 25 novembre 1806, ci-dessous.

25 mai 1791, portant règlement sur la propriété des auteurs de découvertes en tout genre d'industrie, est abrogée en ce qui concerne la défense d'exploiter les brevets d'invention par *actions*.

Ceux qui voudront exploiter leurs titres de cette manière seront tenus de se pourvoir de l'autorisation du gouvernement.

---

25 janvier 1807.

Décret impérial qui fixe l'époque à laquelle commencent à courir les années de jouissance d'un brevet d'invention.

ART. 1er. Les années de jouissance d'un brevet d'invention commencent à courir de la date du certificat de demande délivré par le ministre de l'intérieur ; ce certificat établit en faveur du demandeur une jouissance provisoire qui devient définitive par l'expédition du décret qui doit suivre ce certificat.

2. La propriété d'invention, dans le cas de contestation entre deux brevetés pour le même objet, est acquise à celui qui, le premier, a fait au secrétariat de la préfecture du département de son domicile le dépôt de pièces exigé par l'art. 4 de la loi du 7 janvier 1791.

---

22 germinal — 2 floréal an XI.

Loi relative aux manufactures, fabriques et ateliers.

TITRE PREMIER.

DISPOSITIONS GÉNÉRALES.

ART. 1er. Il pourra être établi, dans les lieux où le gouvernement le jugera convenable, des chambres consultatives de manufactures, fabriques, arts et metiers.

2. Leur organisation sera faite par un règlement d'administration publique.

3. Leurs fonctions seront de faire connaître les besoins et les moyens d'amélioration des manufactures, fabriques, arts et métiers.

4. Il pourra être fait, sur l'avis des chambres consultatives dont il est parlé en l'art. 1er, des règlements d'administration publique relatifs aux produits des manufactures françaises qui s'exporteront à l'étranger. Ces règlements seront présentés en forme de projets de lois au corps législatif, dans les trois ans à compter du jour de leur promulgation.

5. La peine de contravention à ces règlements sera d'une amende qui ne pourra excéder trois mille francs, et de confiscation de marchandises. Les deux peines pourront être prononcées cumulativement ou séparément, selon les circonstances.

TITRE II.

DE LA POLICE DES MANUFACTURES, FABRIQUES ET ATELIERS.

6. Toute coalition contre ceux qui font travailler des ouvriers, tendant à forcer injustement et abusivement les salaires, et suivie d'une tentative ou d'un commencement d'exécution, sera punie d'une amende de cent francs au moins, de trois mille francs au plus; et s'il y a lieu, d'un emprisonnement qui ne pourra excéder un mois.

7. Toute coalition de la part des ouvriers pour cesser en même temps de travailler, interdire le travail dans certains ateliers, empêcher de s'y rendre et d'y rester avant ou après de certaines heures, et en général pour suspendre, empêcher, enchérir les travaux, sera punie, s'il y a eu tentative ou commencement d'exécution, d'un emprisonnement qui ne pourra excéder trois mois.

8. Si les actes prévus dans l'article précédent ont été accompagnés de violences, voies de fait, attroupements, les auteurs et complices seront punis des

peines portées au Code de police correctionnelle ou au Code pénal, suivant la nature des délits.

TITRE III.

DES OBLIGATIONS ENTRE LES OUVRIERS ET CEUX QUI LES EMPLOIENT.

9. Les contrats d'apprentissage consentis entre majeurs, ou par des mineurs avec le concours de ceux sous l'autorité desquels ils sont placés, ne pourront être résolus, sauf l'indemnité en faveur de l'une ou de l'autre des parties, que dans les cas suivants : 1° d'inexécution des engagements de part et d'autre ; 2° de mauvais traitements de la part du maître ; 3° d'inconduite de la part de l'apprenti ; 4° si l'apprenti s'est obligé à donner, pour tenir lieu de rétribution pecuniaire, un temps de travail dont la valeur serait jugée excéder le prix ordinaire des apprentissages.

10. Le maître ne pourra, sous peine de dommages et intérêts, retenir l'apprenti au delà de son temps, ni lui refuser un congé d'acquit quand il aura rempli ses engagements.

Les dommages-intérêts seront au moins du triple du prix des journées depuis la fin de l'apprentissage.

11. Nul individu employant des ouvriers ne pourra recevoir un apprenti sans congé d'acquit, sous peine de dommages-intérêts envers son maître.

12. Nul ne pourra, sous les mêmes peines, recevoir un ouvrier s'il n'est porteur d'un livret portant le certificat d'acquit de ses engagements, délivré par celui de chez qui il sort.

13. La forme de ces livrets et les règles à suivre pour leur délivrance, leur tenue et leur renouvellement seront déterminées par le gouvernement de la manière prescrite pour les règlements d'administration publique.

14. Les conventions faites de bonne foi entre les ouvriers et ceux qui les emploient, seront exécutées.

15. L'engagement d'un ouvrier ne pourra excéder un an, à moins qu'il ne soit contre-maître, conducteur des autres ouvriers, ou qu'il n'ait un traitement et des conditions stipulés par un acte exprès.

TITRE IV.

DES MARQUES PARTICULIÈRES.

16. La contrefaçon des marques particulières que tout artisan a le droit d'appliquer sur les objets de sa fabrication, donnera lieu : 1° à des dommages et intérêts envers celui dont la marque aura été contrefaite ; 2° à l'application des peines prononcées contre le faux en écritures privées (1).

17. La marque sera considérée comme contrefaite, quand on y aura inséré ces mots : *Façon de . . . ,* et à la suite le nom d'un autre fabricant ou d'une autre ville (2).

18. Nul ne pourra former action en contrefaçon de sa marque s'il ne l'a préalablement fait connaître

(1) Pour que la contrefaçon des marques puisse constituer un crime de faux, il faut que, s'il s'agit de marques apposées sur des vases renfermant des liquides, les marques soient apposées de manière que ces liquides ne puissent être extraits des vases sans rompre la marque et détruire son application aux vases (22 janvier 1807, Cass.; Sirey, 7, 2, 235).

Une empreinte imprimée sur du papier attaché à des objets manufacturés peut être considérée comme marque du fabricant, aussi bien que les empreintes placées sur les objets manufacturés eux-mêmes (28 mai 1822, Cass.; Sirey, 22, 1, 337).

(2) Un fabricant ne peut adopter une marque composée des lettres initiales de son nom, lorsqu'une pareille marque est déjà adoptée par un fabricant de même genre et de la même ville, de telle sorte qu'il puisse y avoir méprise et confusion entre les deux fabriques (28 mai 1822, Cass.; Sirey, 22, 2, 337). — Voyez ci-dessous la loi du 28 juillet 1834.

d'une manière légale par le dépôt d'un modèle au greffe du tribunal de commerce d'où relève le chef-lieu de la manufacture ou de l'atelier (1).

TITRE V.

DE LA JURIDICTION.

19. Toutes les affaires de simple police entre les ouvriers et apprentis, les manufacturiers, fabricants et artisans, seront portées, à Paris, devant le préfet de police ; devant les commissaires généraux de police dans les villes où il y en a d'établis, et dans les autres lieux devant le maire ou un des adjoints.

Ils prononceront sans appel les peines applicables aux divers cas selon le Code de police municipale.

Si l'affaire est du ressort des tribunaux de police correctionnelle ou criminelle, ils pourront ordonner l'arrestation provisoire des prévenus et les faire traduire devant le magistrat de sûreté (2).

20. Les autres contestations seront portées devant

(1) Un fabricant peut se plaindre de la contrefaçon de sa marque, bien que la contrefaçon soit antérieure au dépôt de la marque au greffe du tribunal de commerce. — — Le dépôt n'est pas nécessaire pour assurer la propriété de la marque, il est seulement exigé comme condition préalable de l'action en contrefaçon. (28 mai 1822, Cass.; Sirey, 22, 1, 337.)

Les lois qui assurent aux fabricants la propriété de leur marque ne peuvent être invoquées que lorsqu'il s'agit d'une marque adoptée comme distinctive et caractéristique de leur fabrique. Ainsi le fabricant français qui apposerait la marque d'une fabrique étrangère sur ses marchandises, pour en augmenter le débit dans l'étranger, n'acquerrait point la propriété exclusive de cette marque, par le dépôt au greffe du tribunal de commerce et du conseil des prud'hommes. (26 mars 1822, Cass.; Sirey, 23, 2, 57.)

(2) Les contestations qui s'élèvent en matière de congés dus aux ouvriers, ou mal à propos exigés par eux, sont de la compétence administrative. Les tribunaux ne peuvent en connaître. (23 juin 1812, Cass.; Sirey, 13, 1, 136.)

les tribunaux auxquels la connaissance en est attribuée par les lois.

21. En quelque lieu que réside l'ouvrier, la juridiction sera déterminée par le lieu de la situation des manufactures ou ateliers dans lesquels l'ouvrier aura pris du travail.

—

10 *thermidor an* XI.

Arrêté relatif à l'organisation des chambres consultatives de manufactures, fabriques, arts et métiers.

ART. 1er. Les chambres consultatives de manufactures, fabriques, arts et métiers qui seront établies dans les communes désignées par le gouvernement, conformément à l'art. 1er de la loi du 22 germinal an XI, seront composées chacune de six membres et présidées par les maires des lieux où elles seront placées : dans les communes où il se trouve plusieurs maires, le préfet présidera la chambre ou désignera celui qui devra le remplacer.

2. Nul ne pourra être reçu membre d'une chambre consultative s'il n'est manufacturier, fabricant. directeur de fabrique, ou s'il n'a exercé une de ces professions pendant cinq ans au moins.

3. Les fonctions desdites chambres seront uniquement de faire connaître, conformément aux dispositions de l'art. 3 de la loi du 22 germinal, les besoins et les moyens d'amélioration des manufactures, fabriques, arts et métiers.

4. Les chambres de commerce rempliront les fonctions précitées, dans les communes où le gouvernement n'aura pas établi de chambres consultatives de manufactures, fabriques, arts et métiers.

5. Les chambres consultatives enverront leurs projets et mémoires au sous-préfet de leur arrondissement, qui les transmettra, avec ses observations, au préfet ; les préfets seront tenus de les adresser au ministre avec leur avis.

6. Pour procéder à la première formation des chambres consultatives, les préfets, et, à leur défaut, les maires dans les villes qui ne sont pas chef-lieu de préfecture, réuniront sous leur présidence de vingt à trente fabricants et manufacturiers les plus distingués par l'importance de leurs établissements, lesquels procéderont par scrutin secret, et à la pluralité des suffrages, à l'élection des membres qui doivent composer la chambre.

7. Les membres de la chambre seront renouvelés par tiers, tous les ans; les membres sortants pourront être réélus.

Aux deux premiers renouvellements, le sort décidera quels sont ceux qui doivent sortir.

Les remplacements se feront par la chambre, à la majorité absolue des suffrages.

8. Les maires des lieux où il sera établi des chambres consultatives de manufactures, fourniront un local convenable pour la tenue de leurs séances.

9. Les menus frais de bureau auxquels cette tenue donnera lieu feront partie des dépenses des communes, seront portés dans leurs budgets et acquittés sur leurs revenus.

—

9 frimaire an XII.

Arrêté relatif au livret dont les ouvriers travaillant en qualité de compagnons ou garçons doivent être pourvus.

TITRE PREMIER.

DISPOSITIONS GÉNÉRALES.

ART. 1er. A compter de la publication du présent arrêté, tout ouvrier travaillant en qualité de compagnon ou garçon devra se pourvoir d'un livret.

2. Ce livret sera en papier libre, coté et paraphé sans frais savoir : à Paris, Lyon et Marseille, par un commissaire de police; et dans les autres villes, par le maire

ou l'un des adjoints. Le premier feuillet portera le sceau de la municipalité et contiendra le nom et le prénom de l'ouvrier, son âge, le lieu de sa naissance, son signalement, la désignation de sa profession et le nom du maître chez lequel il travaille.

3. Indépendamment de l'exécution de la loi sur les passe-ports, l'ouvrier sera tenu de faire viser son dernier congé par le maire, ou son adjoint, et de faire indiquer le lieu où il se propose de se rendre.

Tout ouvrier qui voyagera sans être muni d'un livret ainsi visé, sera réputé vagabond, et pourra être arrêté et puni comme tel.

TITRE II.

DE L'INSCRIPTION DES CONGÉS SUR LE LIVRET, ET DES OBLIGATIONS IMPOSÉES A CET ÉGARD AUX OUVRIERS ET A CEUX QUI LES EMPLOIENT.

4. Tout manufacturier, entrepreneur et généralement toutes personnes employant des ouvriers seront tenus, quand ces ouvriers sortiront de chez eux, d'inscrire sur leur livret un congé portant acquit de leurs engagements, s'ils les ont remplis.

Les congés seront inscrits sans lacune, à la suite les uns des autres : ils énonceront le jour de la sortie de l'ouvrier.

5. L'ouvrier sera tenu de faire inscrire le jour de son entrée, sur son livret, par le maître chez lequel il se propose de travailler ou, à son défaut, par les fonctionnaires publics désignés en l'art. 2, et sans frais, et de déposer le livret entre les mains de son maître s'il l'exige.

6. Si la personne qui a occupé l'ouvrier refuse, sans motif légitime, de remettre le livret, ou de délivrer le congé, il sera procédé contre elle de la manière et suivant le mode établi par le titre 5 de la loi du 22 germinal. En cas de condamnation, les dommages-intérêts adjugés à l'ouvrier seront payés sur-le-champ.

7. L'ouvrier qui aura reçu des avances sur son salaire, ou contracté l'engagement de travailler un certain temps, ne pourra exiger la remise de son livret et la délivrance de son congé qu'après avoir acquitté sa dette par son travail, et rempli ses engagements, si son maître l'exige.

8. S'il arrive que l'ouvrier soit obligé de se retirer, parce qu'on lui refuse du travail ou son salaire, son livret et son congé lui seront remis, encore qu'il n'ait pas remboursé les avances qui lui ont été faites : seulement le créancier aura le droit de mentionner la dette sur le livret.

9. Dans le cas de l'article précédent, ceux qui emploieront ultérieurement l'ouvrier feront, jusqu'à entière libération, sur le produit de son travail une retenue au profit du créancier.

Cette retenue ne pourra, en aucun cas, excéder les deux dixièmes du salaire journalier de l'ouvrier ; lorsque la dette sera acquittée, il en sera fait mention sur le livret.

Celui qui aura exercé la retenue sera tenu d'en prévenir le maître au profit duquel elle aura été faite, et d'en tenir le montant à sa disposition.

10. Lorsque celui pour lequel l'ouvrier a travaillé ne saura ou ne pourra écrire, ou lorsqu'il sera décédé, le congé sera délivré, après vérification, par le commissaire de police, le maire du lieu, ou l'un de ses adjoints, et sans frais.

TITRE III.

DES FORMALITÉS A REMPLIR POUR SE PROCURER LE LIVRET.

11. Le premier livret d'un ouvrier lui sera expédié, 1° sur la présentation de son acquit d'apprentissage ; 2° ou sur la demande de la personne chez laquelle il aura travaillé ; 3° ou enfin sur l'affirmation de deux citoyens patentés de sa profession, et domi-

ciliés, portant que le pétitionnaire est libre de tout engagement soit pour raison d'apprentissage, soit pour raison d'obligation de travail comme ouvrier.

12. Lorsqu'un ouvrier voudra faire coter et parapher un nouveau livret, il représentera l'ancien. Le nouveau livret ne sera délivré qu'après qu'il aura été vérifié que l'ancien est rempli, ou hors d'état de servir. Les mentions de dettes seront transportées de l'ancien livret sur le nouveau.

13. Si le livret de l'ouvrier était perdu, il pourra, sur la présentation de son passe-port en règle, obtenir la permission provisoire de travailler, mais sans pouvoir être autorisé à aller dans un autre lieu, et à la charge de donner à l'officier de police du lieu, la preuve qu'il est libre de tout engagement, et tous les renseignements nécessaires pour autoriser la délivrance d'un nouveau livret, sans lequel il ne pourra partir.

22-24 mars 1841.

Loi relative au travail des enfants employés dans les manufactures, usines ou ateliers.

Louis-Philippe, etc.

Art. 1er. Les enfants ne pourront être employés que sous les conditions déterminées par la présente loi,

1º Dans les manufactures, usines ou ateliers à moteur mécanique ou à feu continu, et dans leurs dépendances;

2º Dans toute fabrique occupant plus de vingt ouvriers réunis en atelier.

2. Les enfants devront, pour être admis, avoir au moins huit ans.

De huit à douze ans ils ne pourront être employés au travail effectif plus de huit heures sur vingt-quatre, divisées par un repos.

De douze à seize ans ils ne pourront être employés au travail effectif plus de douze heures sur vingt-quatre, divisées par des repos.

Ce travail ne pourra avoir lieu que de cinq heures du matin à neuf heures du soir.

L'âge des enfants sera constaté par un certificat délivré, sur papier non timbré et sans frais, par l'officier de l'état civil.

3. Tout travail entre neuf heures du soir et cinq heures du matin est considéré comme travail de nuit.

Tout travail de nuit est interdit pour les enfants au-dessous de treize ans.

Si la conséquence du chômage d'un moteur hydraulique ou des réparations urgentes l'exigent, les enfants au-dessous de treize ans pourront travailler de nuit en comptant deux heures pour trois entre neuf heures du soir et cinq heures du matin.

Un travail de nuit des enfants ayant plus de treize ans, pareillement supputé, sera toléré, s'il est reconnu indispensable, dans les établissements à feu continu dont la marche ne peut pas être suspendue pendant le cours des vingt-quatre heures.

4. Les enfants au-dessous de seize ans ne pourront être employés les dimanches et jours de fêtes reconnues par la loi.

5. Nul enfant âgé de moins de douze ans ne pourra être admis qu'autant que ses parents ou tuteur justifieront qu'il fréquente actuellement une des écoles publiques ou privées existant dans la localité. Tout enfant admis devra, jusqu'à l'âge de douze ans, suivre une école.

Les enfants âgés de plus de douze ans seront dispensés de suivre une école, lorsqu'un certificat, donné par le maire de leur résidence, attestera qu'ils ont reçu l'instruction primaire élémentaire.

6. Les maires seront tenus de délivrer au père, à la mère ou au tuteur, un livret sur lequel seront portés l'âge, le nom, les prénoms, le lieu de naissance et le domicile de l'enfant, et le temps pendant lequel il aurait suivi l'enseignement primaire.

Les chefs d'établissement inscriront,

1° Sur le livret de chaque enfant, la date de son entrée dans l'établissement et de sa sortie;

2° Sur un registre spécial, toutes les indications mentionnées au présent article.

7. Des règlements d'administration publique pourront,

1° Étendre à des manufactures, usines ou ateliers, autres que ceux qui sont mentionnés dans l'art. 1er, l'application des dispositions de la présente loi;

2° Élever le minimum de l'âge et réduire la durée du travail, déterminés dans les articles deuxième et troisième, à l'égard des genres d'industries où le labeur des enfants excéderait leurs forces et compromettrait leur santé;

3° Déterminer les fabriques où, pour cause de danger ou d'insalubrité, les enfants au-dessous de seize ans ne pourront point être employés;

4° Interdire aux enfants, dans les ateliers où ils sont admis, certains genres de travaux dangereux ou nuisibles;

5° Statuer sur les travaux indispensables à tolérer de la part des enfants, les dimanches et fêtes, dans les usines à feu continu;

6° Statuer sur le cas de travail de nuit prévu par l'article troisième.

8. Des règlements d'administration publique devront,

1° Pourvoir aux mesures nécessaires à l'exécution de la présente loi;

2° Assurer le maintien des bonnes mœurs et de la décence publique dans les ateliers, usines et manufactures;

3° Asurer l'instruction primaire et l'enseignement religieux des enfants;

4° Empêcher, à l'égard des enfants, tout mauvais traitement et tout châtiment abusif;

5° Assurer les conditions de salubrité et de sûreté nécessaires à la vie et à la santé des enfants.

10

9. Les chefs des établissements devront faire afficher dans chaque atelier, avec la présente loi et les règlements d'administration publique qui y sont relatifs, les règlements intérieurs qu'ils seront tenus de faire pour en assurer l'exécution.

10. Le Gouvernement établira des inspections pour surveiller et assurer l'exécution de la présente loi. Les inspecteurs pourront, dans chaque établissement, se faire représenter les registres relatifs à l'exécution de la présente loi, les règlements intérieurs, les livrets des enfants et les enfants eux-mêmes : ils pourront se faire accompagner par un médecin commis par le préfet où le sous-préfet.

11. En cas de contravention, les inspecteurs dresseront des procès-verbaux qui feront foi jusqu'à preuve contraire.

12. En cas de contravention à la présente loi ou aux règlements d'administration publique rendus pour son exécution, les propriétaires ou exploitants des établissements seront traduits devant le juge de paix du canton et punis d'une amende de simple police qui ne pourra excéder quinze francs.

Les contraventions qui résulteront soit de l'admission d'enfants au-dessous de l'âge, soit de l'excès de travail, donneront lieu à autant d'amendes qu'il y aura d'enfants indûment admis ou employés, sans que ces amendes réunies puissent s'élever au-dessus de deux cents francs.

S'il y a récidive, les propriétaires ou exploitants des établissements seront traduits devant le tribunal de police correctionnelle et condamnés à une amende de seize à cent francs. Dans les cas prévus par le paragraphe second du présent article, les amendes réunies ne pourront jamais excéder cinq cents francs.

Il y aura récidive, lorsqu'il aura été rendu contre le contrevenant, dans les douze mois précédents, un premier jugement pour contravention à la présente loi ou aux règlements d'administration publique qu'elle autorise.

15. La présente loi ne sera obligatoire que six mois après sa promulgation, etc.

PRINCIPAUX ARTICLES

DE DROIT ET DE JURISPRUDENCE APPLICABLES AUX AFFAIRES LES PLUS ORDINAIRES DE LA COMPÉTENCE DES PRUD'HOMMES.

§ Ier. DES CONVENTIONS.

Art. 71. Les conventions légalement formées tiennent lieu de loi à ceux qui les ont faites.

Elles ne peuvent être révoquées que de leur consentement mutuel, ou pour les causes que la loi autorise.

Elles doivent être exécutées de bonne foi. (*Code civil, art.* 1134.)

Les conventions obligent non-seulement à ce qui est exprimé, mais encore à toutes les suites que l'équité, l'usage ou la loi donnent à l'obligation d'après sa nature. (*Idem, art.* 1135.)

On doit, dans les conventions, rechercher quelle a été la commune intention des parties contractantes, plutôt que s'arrêter au sens littéral des termes. (*Idem, art.* 1156.)

Lorsqu'une clause est susceptible de deux sens, on doit plutôt l'entendre dans celui avec lequel elle peut avoir quelque effet que dans le sens avec lequel elle n'en pourrait produire aucun. (*Idem, art.* 1157.)

Les termes susceptibles de deux sens doivent être pris dans un sens qui convient le plus à la matière du contrat. (*Idem, art.* 1158.)

Ce qui est ambigu s'interprète par ce qui est d'usage dans le pays où le contrat est passé. (*Idem, art.* 1159.)

On doit suppléer, dans le contrat, les clauses qui

sont d'usage, quoiqu'elles n'y soient pas exprimées. (*Idem, art.* 1160.)

Toutes les clauses des conventions s'interprètent les unes par les autres, en donnant à chacune le sens qui résulte de l'acte entier. (*Idem, art.* 1161.)

Dans le doute, la convention s'interprète contre celui qui a stipulé et en faveur de celui qui a contracté l'obligation. (*Idem, art.* 1162.)

Quelque généraux que soient les termes dans lesquels une convention est conçue, elle ne comprend que les choses sur lesquelles il paraît que les parties se sont proposé de contracter. (*Idem, art.* 1163.)

Lorsque, dans un contrat, on a exprimé un cas pour l'explication de l'obligation, on n'est pas censé avoir voulu par là restreindre l'étendue que l'engagement reçoit de droit aux cas non exprimés. (*Idem, art.* 1164.)

§ II. DES OBLIGATIONS.

72. L'obligation de donner emporte celle de livrer la chose et de la conserver jusqu'à la livraison, à peine de dommages et intérêts envers le créancier. (*Code civil, art.* 1136.)

L'obligation de veiller à la conservation de la chose, soit que la convention n'ait pour objet que l'utilité de l'une des parties, soit qu'elle ait pour objet leur utilité commune, soumet celui qui en est chargé à y apporter tous les soins d'un bon père de famille. (*Idem, art.* 1137.)

L'obligation de livrer la chose est parfaite par le seul consentement des parties contractantes.

Elle rend le créancier propriétaire et met la chose à ses risques dès l'instant où elle a dû être livrée, encore que la tradition n'en ait point été faite ; à moins que le débiteur ne soit en demeure de la livrer, auquel cas la chose reste aux risques de ce dernier. (*Idem, art.* 1138.)

Le débiteur est constitué en demeure soit par une

sommation, ou par autre acte équivalent, soit par l'effet de la convention lorsqu'elle porte que, sans qu'il soit besoin d'acte et par la seule échéance du terme, le débiteur sera en demeure. (*Idem, art.* 1139.)

Si la chose qu'on s'est obligé de donner ou de livrer à deux personnes successivement est purement mobilière, celle des deux qui en a été mise en possession réelle est préférée et demeure propriétaire, encore que son titre soit postérieur en date, pourvu toutefois que la possession soit de bonne foi. (*Idem, art.* 1141.)

73. Toute obligation de faire ou de ne pas faire se résout en dommages intérêts, en cas d'inexécution de la part du débiteur. (*Idem, art.* 1142.)

Néanmoins le créancier a le droit de demander que ce qui aurait été fait par contravention à l'engagement ; soit détruit, et il peut se faire autoriser à le détruire aux dépens du débiteur, sans préjudice des dommages et intérêts s'il y a lieu. (*Idem, art.* 1143.)

Le créancier peut aussi, en cas d'inexécution, être autorisé à faire exécuter lui-même l'obligation aux dépens du débiteur. (*Idem, art.* 1144.)

Si l'obligation est de ne pas faire, celui qui y contrevient doit les dommages et intérêts par le seul fait de la contravention. (*Idem, art.* 1145.)

§ III. DES DOMMAGES ET INTÉRÊTS.

74. Les dommages et intérêts ne sont dus que lorsque le débiteur est en demeure de remplir son obligation, excepté néanmoins lorsque la chose que le débiteur s'était obligé de donner ou de faire ne pouvait être donnée ou faite que dans un certain temps qu'il a laissé passer. (*Code civil, art.* 1146.)

Le débiteur est condamné, s'il y a lieu, au paiement de dommages et intérêts, soit à raison de l'inexécution de l'obligation, soit à raison du retard dans l'exécution, toutes les fois qu'il ne justifie pas que l'inexécution provient d'une cause étrangère qui ne peùt lui être imputée, encore qu'il n'y ait aucune mauvaise foi de sa part. (*Idem, art.* 1147.)

Il n'y a aucuns dommages et intérêts lorsque, par suite d'une force majeure ou d'un cas fortuit, le débiteur a été empêché de donner ou de faire ce à quoi il était obligé, ou a fait ce qui lui était interdit. (*Idem, art.* 1148).

Les dommages et intérêts dus au créancier sont en général de la perte qu'il a faite ou du gain dont il a été privé, sauf les exceptions et modifications ci-après. (*Idem, art.* 1149.)

Le débiteur n'est tenu que des dommages et intérêts qui ont été prévus ou qu'on a pu prévoir lors du contrat, lorsque ce n'est point par son dol que l'obligation n'est point exécutée. (*Idem, art.* 1150.)

Dans le cas même où l'inexécution de la convention résulte du dol du débiteur, les dommages et intérêts ne doivent comprendre, à l'égard de la perte éprouvée par le créancier et du gain dont il a été privé, que ce qui est une suite immédiate et directe de l'inexécution de la convention. (*Idem, art.* 1151.)

Lorsque la convention porte que celui qui manquera de l'exécuter paiera une certaine somme à titre de dommages et intérêts, il ne peut être alloué à l'autre partie une somme plus forte ni moindre. (*Idem, art.* 1152).

§ IV. DES CONDITIONS.

75. Toute condition d'une chose impossible, ou contraire aux bonnes mœurs, ou prohibée par la loi, est nulle, et rend nulle la convention qui en dépend. (*Code civil, art.* 1172.)

Toute condition doit être accomplie de la manière que les parties ont vraisemblablement voulu et entendu qu'elle le fût. (*Idem, art.* 1175.)

La condition est réputée accomplie lorsque c'est le débiteur, obligé sous cette condition, qui en a empêché l'accomplissement. (*Idem, art.* 1178.)

La condition accomplie a un effet rétroactif au jour auquel l'engagement a été contracté. Si le créancier est mort avant l'accomplissement de la condition, ses droits passent à son héritier. (*Idem, art.* 1179.)

Le créancier peut, avant que la condition soit accomplie, exercer tous les actes conservatoires de son droit. (*Idem, art.* 1180.)

Lorsque l'obligation a été contractée sous une condition suspensive, la chose qui fait la matière de la convention demeure aux risques du débiteur, qui ne s'est obligé de la livrer que dans le cas de l'événement de la condition.

Si la chose est entièrement périe sans la faute du débiteur, l'obligation est éteinte.

Si la chose est détériorée sans la faute du débiteur, le créancier a le choix ou de résoudre l'obligation, ou d'exiger la chose dans l'état où elle se trouve, sans diminution du prix.

Si la chose est détériorée par la faute du débiteur, le créancier a le droit ou de résoudre l'obligation, ou d'exiger la chose dans l'état où elle se trouve, avec des dommages et intérêts. (*Idem, art.* 1182.)

§ V. DU DOMMAGE CAUSÉ.

76. Tout fait quelconque qui cause à autrui un dommage, oblige celui par la faute duquel il est arrivé à le réparer (*Code civil, art.* 1382.)

Chacun est responsable du dommage qu'il a causé, non-seulement par son fait, mais encore par sa négligence, ou par son imprudence. (*Idem, art.* 1383.)

On est responsable non-seulement du dommage que l'on cause par son propre fait, mais encore de celui qui est causé par le fait des personnes dont on doit répondre, ou des choses que l'on a sous sa garde. (*Idem, art.* 1384.)

§ VI. DES CAS FORTUITS.

77. On nomme cas fortuits des événements imprévus causés par une force majeure à laquelle on n'aurait même pu résister quand on les aurait prévus. « Personne n'est tenu, dans aucune espèce de convention, de répondre des pertes et des dommages causés par des cas fortuits....; et la perte de la chose qui périt ou qui est endommagée par un cas fortuit, tombe sur celui qui en est le maître : si ce n'est qu'il eût été autrement convenu, ou que la perte ou le dommage puisse être imputé à quelque faute dont l'un des contractants doit répondre. » (*Domat, Lois civiles, liv. 1, des Contraventions.*)

§ VII. DES MARCHÉS D'OUVRAGES.

78. Lorsqu'on charge quelqu'un de faire un ouvrage, on peut convenir qu'il fournira seulement son travail ou son industrie, ou bien qu'il fournira aussi la matière. (*Code civil, art.* 1787.)

Si, dans le cas où l'ouvrier fournit la matière, la chose vient à périr, de quelque manière que ce soit, avant d'être livrée, la perte est pour l'ouvrier, à moins que le maître ne fût en demeure de recevoir la chose. (*Idem, art.* 1788.)

Dans le cas où l'ouvrier fournit seulement son travail ou son industrie ; si la chose vient à périr, l'ouvrier n'est tenu que de sa faute. (*Idem. art.* 1789.)

Si, dans le cas de l'article précédent, la chose vient à périr, quoique sans aucune faute de la part de l'ouvrier, avant que l'ouvrage ait été reçu, et sans que le maître fût en demeure de le vérifier, l'ouvrier n'a point de salaire à réclamer, à moins que la chose n'ait péri par le vice de la matière. (*Idem, art.* 1790.)

S'il s'agit d'un ouvrage à plusieurs pièces ou à la mesure, la vérification peut s'en faire par parties : elle est censée faite pour toutes les parties payées, si le maître paie l'ouvrier en proportion de l'ouvrage fait. (*Idem, art.* 1791.)

Le maître peut résilier, par sa seule volonté, le marché à forfait, quoique l'ouvrage soit déjà commencé, en dédommageant l'entrepreneur de toutes ses dépenses, de tous ses travaux, et de tout ce qu'il aurait pu gagner dans cette entreprise. (*Idem, art.* 1794.)

Le contrat de louage d'ouvrage est dissous par la mort de l'ouvrier..... ou entrepreneur. (*Idem, art.* 1795.)

Mais le propriétaire est tenu de payer en proportion du prix porté par la convention, à leur succession, la valeur des ouvrages faits et celle des matériaux préparés, lors seulement que ces travaux ou ces matériaux peuvent lui être utiles. (*Idem, art.* 1796.)

L'entrepreneur répond du fait des personnes qu'il emploie. (*Idem, art.* 1797.)

§ VIII. DES CONTRE-MAITRES, CHEFS D'ATELIER ET COMMIS.

79. Celui qui gère les affaires d'un autre, doit apporter dans sa gestion tous les soins d'un bon père de famille.

Il est garant des fautes de sa négligence, et du fait des personnes qu'il a sous ses ordres.

Il ne doit point excéder le pouvoir qui lui est confié par celui qui l'emploie.

Il a droit au remboursement de tous les frais, avances, débours faits pour le compte de celui dont il gère la fabrique, pourvu toutefois que ces dépenses aient été nécessaires et faites de bonne foi.

Il doit rendre un compte exact de toutes ses opérations à celui qui lui a confié la gestion.

Il ne peut quitter le fabricant qui l'emploie sans l'avoir prévenu un temps d'avance suffisant pour pouvoir être remplacé.

Il est obligé de continuer sa gestion, encore que le fabricant vienne à mourir, jusqu'à ce que l'héritier ait pu en prendre la direction.

§ IX. DES OUVRIERS.

80. L'ouvrier ne peut engager ses services qu'à temps, ou pour une entreprise déterminée. (*Code civil, art.* 1780.)

Le maître est cru sur son affirmation :

Pour la quotité des gages ;

Pour le paiement du salaire de l'année échue ;

Pour les à-comptes donnés pour l'année courante. (*Idem, art.* 1718.)

L'ouvrier répond des accidents qui arrivent par la défectuosité de son travail ou par l'ignorance des règles de son art, lorsqu'il l'avait à l'entreprise ; mais, s'il travaille à la journée, il n'est pas tenu de sa mal-façon.

Il doit achever l'ouvrage qu'il a commencé.

§ X. DES APPRENTIS.

81. L'apprenti ne peut quitter son maître, et le maître ne peut le congédier avant l'expiration du temps porté dans l'acte d'apprentissage ; à moins que ce ne soit pour causes jugées justes et légitimes, ou du consentement réciproque des parties.

Un maître ne peut recevoir un apprenti qui ne justifie pas du consentement du maître de chez lequel il sort.

L'apprenti qui s'enrôle est dégagé de son apprentissage : ainsi jugé par arrêt du parlement de Paris du 19 février 1746.

TROISIÈME PARTIE.

CONSEILS DES PRUD'HOMMES

DANS LES DÉPARTEMENTS.

Voici la liste des 64 conseils de prud'hommes existant en France au 1er janvier 1841, avec la date de leur institution :

Abbeville, 19 mai 1819.
Alais, 12 août 1811.
Alençon, 28 avril 1813.
Amiens, 26 octobre 1814.
Amplepluis, 6 janvier 1811.
Armentières, 22 mai 1825.
Aubusson, 11 mars 1834.
Avignon, 2 février 1808.
Bapaume, 8 avril 1532.
Bar-le-Duc, 29 novembre 1814.
Bédarrieux, 15 avril 1818.
Bolbec, 8 octobre 1813.
Caen, 21 août 1832.
Calais, 19 janvier 1825.
Cambrai, 21 septembre 1823.
Carcassonne. 22 octobre 1808.
Castres, 16 avril 1824.
Châlons-sur-Marne, 9 mars 1826.
Cholet, 4 septembre 1822.
Clermont-Lodève, 6 juillet 1806.
Condé-sur-Noireau, 6 janv. 1822.
Douai, 18 avril 1825.
Elbeuf, 21 avril 1819.
Évreux, 2 février 1836.
Laval, 7 juin 1826.
Lille, 29 mai 1810.
Limoges, 3 mars 1823.
Limoux, 15 octobre 1809.
Lodève, 22 juin 1810.
Louviers, 7 août 1810.
Lyon, 18 mars 1806.
Mamers, 4 mai 1819.

Marseille, 15 septembre 1810.
Mayenne, 20 mai 1840.
Metz, 22 novembre 1806.
Mulhouse, 7 mai 1808.
Nancy, 5 avril 1825.
Nantes, 21 juillet 1840.
Nîmes, 27 septembre 1807.
Niort, 6 mai 1818.
Orange, 14 mai 1826.
Orléans, 12 avril 1811.
Péronne, 15 juin 1829.
Privas, 11 avril 1839.
Reims, 32 novembre 1809.
Rethel, 2 février 1825.
Roubaix, août 1810.
Rouen, 20 juin 1807.
Saint-Chamand, juillet 1811.
Saint-Étienne, 22 juin 1810.
Saint-Quentin, 21 décem. 1808.
Ste-Marie-aux-Mines, 18 a. 1825.
Sédan, 23 août 1808.
Strasbourg, 17 mai 1813.
Tarare, 22 décembre 1809.
Thann, 9 janvier 1821.
Thiers, 19 août 1808.
Tours, 31 juin 1818.
Troyes, 7 mai 1808.
Turcoing, 4 juillet 1821.
Valenciennes, 30 mai 1835.
Vienne, 25 mai 4824.
Villefranche, 1er mars 1822.
Vire, 26 août 1814.

Conseils de prud'hommes établis sous l'empire. 20
—   sous la restauration 26
—   depuis juillet 1830. 9

Total. 55

Ces 55 conseils se classent par départements : Ardèche, 1; Ardennes, 2; Aube, 1; Aude, 2; Bouches-du-Rhône, 1; Calvados, 3; Creuse, 1; Drôme, 1; Eure, 2; Gard, 2; Hérault, 2; Haute-Vienne, 1; Indre-et-Loire, 1; Loire, 2; Loire-Inférieure, 1; Loiret, 1; Maine-et-Loire, 1; Marne, 2; Mayenne, 1; Meurthe, 1; Moselle, 1; Nord, 7; Orne, 1; Pas-de-Calais, 2; Puy-de-Dôme, 1; Bas-Rhin, 1; Haut-Rhin, 3; Rhône, 4; Sarthe, 2; Seine-Inférieure, 3; Sèvres (Deux-), 1; Somme, 4; Tarn, 1; Vaucluse, 12.

BIBLIOGRAPHIE.

Manuel des Prud'hommes, par M. Léopold, ancien docteur en droit et avocat au ci-devant parlement de Paris. Paris, 1811.

Cet ouvrage, malgré sa date, est peut-être encore aujourd'hui le meilleur sur la matière. Il révèle un auteur habile et exercé. Il nous a été fort utile.

Manuel des Prud'hommes, chez Verronnais, imprimeur à Metz, 1827.

Code des Prud'hommes, par A. Darut, ancien avocat, etc. Arras, 1836.

L'auteur, qui connait bien la matière, a voulu entreprendre une sorte de codification. Mais il ne rapporte pas tous les textes, et son ouvrage ne peut être bien compris que de lui. L'on ne peut d'ailleurs donner une idée plus exacte du style de de l'auteur qu'en citant ici le commencement de sa dédicace à messieurs les ministres de la justice et du commerce :

« Messieurs,

» Un usage généralement admis par les lois de la politesse, permet à l'auteur d'un nouvel ouvrage d'en présenter l'hommage aux personnes, » etc.

Demande en rectifications et améliorations des divers décrets et lois rendus sur la juridiction des conseils de Prud'hommes. Nancy.

Cette demande, présentée à la chambre des députés par le conseil des prud'hommes de Nancy et les principaux fabricants de cette ville, est suivie d'une codification complète de la matière. L'ancien texte y est rapporté en regard du nouveau, avec des observations critiques. Ce travail consciencieux et approfondi est digne de la plus sérieuse attention.

Notice sur l'institution des conseils de Prud'hommes, décembre 1837.

Cette notice, rédigée par le département du commerce, est un excellent résumé critique de la législation sur les conseils de prud'hommes. L'on chercherait vainement ailleurs des arguments plus lumineux et plus précis à l'appui de la révision de cette législation.

Sur l'institution d'un conseil de Prud'hommes à Paris; 2e partie du rapport fait au conseil général des manufactures, en 1828, par la commission chargée d'examiner s'il serait utile d'établir à Par's la juridiction des prud'hommes, et quel serait le meilleur mode d'organisation : par le baron Eugène de Bray. Paris, 1841.

Lettres aux membres du conseil général, par plusieurs fabricants de Paris ; **6** août 1840 et 20 octobre 1841.

De l'état des ouvriers et de son amélioration par l'organisation du travail, par Ad. Boyer.

Ce petit livre, auquel le suicide de l'auteur a donné une si fatale célébrité, respire dans toutes ses pages une généreuse philanthropie. La question des prud'hommes y est traitée, pag. 138 et suivantes, mais à un point de vue trop absolu.

Mémoire adressé au conseil municipal de Paris, sur l'établissement des conseils de Prud'hommes, par les ouvriers rédacteurs du journal l'*Atelir*.

Ce mémoire, écrit avec une sage modération, discute très-nettement et fait ressortir avec beaucoup de force les vices de l'organisation actuelle. Il est suivi d'un projet où sont posées les bases d'une nouvelle organisation.

De la compétence des conseils de Prud'hommes et de leur organisation, avec un appendice contenant les lois et règlements sur la matière, les écrits de l'auteur sur le projet d'institution des prud'-

hommes à Paris, par Mollot, avocat à la Cour royale de Paris. Paris, 1842, un vol. in-8, 7 fr. 50 c.

Cet ouvrage est un traité ex-professo sur la matière. Écrit par un jurisconsulte, il ne s'adresse guère qu'aux jurisconsultes. L'extrême division par livres, titres, chapitres, paragraphes, etc., y nuit à la clarté du sujet. Il ne comprend pas les *formules*, et ne peut être ainsi d'aucune utilité pratique.

REVUES ET JOURNAUX.

Revue administrative, 18e livraison, septembre 1840.

L'Europe industrielle, numéros des 8, 10 février et 17 avril 1838.

Ces numéros renferment une série d'articles remarquables, par M. Blaize, des Vosges, jeune économiste fort distingué.

Journal des Débats, n° du 29 janvier 1838.

Gazette des Tribunaux, n° du 19 octobre 1841.

Le Siècle, n° du 19 octobre 1841.

Le Droit, n° du 18 décembre 1841.

TABLE.

FIN.

CODIFICATION GÉNÉRALE

DE

LA LÉGISLATION FRANÇAISE,

SOUS LA DIRECTION

de M. FRANQUE, avocat.

— ❋ —

PROSPECTUS.

— ❋ —

2ᵉ PARTIE (1).

La codification de la législation française offre à toutes les classes du public des avantages qui sont déjà vivement appréciés, et qui doivent assurer à ses codes un succès universel.

Chaque code, quoique se rattachant logiquement à l'une des branches de l'administration publique, à l'un des neuf ministères dont elle se compose, peut néanmoins être acquis isolément. Le citoyen qui aura besoin de s'éclairer sur une matière spéciale ne sera point dans la nécessité de compulser péniblement une collection immense pour y trouver une solution qui lui échappera sans cesse; car comment s'assurer que telle loi, telle ordonnance n'a point été modifiée par une loi ou une

(1) La 1ʳᵉ partie du Prospectus, qui explique scientifiquement la codification, sera délivrée aux personnes qui en feront la dem...

ordonnance postérieure ? Il ne sera point non plus dans la nécessité de se procurer, au prix d'une somme considérable, un ouvrage qui périt incessamment dans quelques-unes de ses parties, et qui pourtant ne cesse jamais de faire un tout indivisible. Ne peut-on pas dire en effet de ces collections ce qu'un poëte naïf disait méchamment d'une robe renouvelée par de nombreuses réparations ?

Depuis trente ans c'est elle, ou si ce n'est pas elle.

Grâce, au contraire, à l'extrême division de la matière législative, *chacun de nos codes sera toujours l'expression exacte de la législation, jusqu'à l'année dont il portera le millésime.* Si la matière est refondue, ou profondément modifiée, comme il arrive si souvent sous un gouvernement représentatif, où trois pouvoirs différents ont l'initiative de la loi, le code sera à l'instant même changé, et mis au courant de la nouvelle législation. Il ne peut y avoir ainsi aucune disparate dans l'ensemble des codes ; les recherches seront toujours promptes, faciles et sûres à la fois ; l'instruction la plus utile, la plus nécessaire se répandra à peu de frais, et nous aurons popularisé la législation française non pas seulement dans notre pays, mais encore, s'il plaît à Dieu, dans les pays étrangers.

Les personnes qui, ne se bornant point à l'étude d'un point isolé de la législation, voudront acquérir plusieurs codes appartenant à des branches diverses de l'administration publique, ou qui, par leur position ou leur profession, seraient jalouses de se procurer tous les codes appartenant à une seule branche, jouiront de ces avantages. L'on pourra souscrire ainsi pour un ou plusieurs codes détachés, ou pour tous les codes de la législation militaire, judiciaire, financière, commerciale, etc. Chaque code portant la désignation du ministère dans lequel il rentre, il sera, dans tous les cas, facile de les réunir par ordre méthodique, et d'en former une bibliothèque portative spéciale. On pourra, si l'on aime mieux, les réunir par ordre alphabétique.

Ces observations s'appliquent également aux personnes qui souscriront à la collection entière.

Cette collection sera publiée dans le cours des années 1841 et 1842.

Nous avons dit que chaque code serait toujours l'expression exacte de la législation, jusqu'à l'année dont il portera le millésime. Les codes qui, outre le millésime, porteront la date d'un mois, seront l'expression exacte de la législation, jusqu'à ce mois exclusivement.

Une continuation sera publiée à partir de 1843, soit en feuilles séparées portant le titre de chaque code, et pouvant s'y intercaler, soit en dictionnaire, pour ceux qui auraient adopté de préférence l'ordre alphabétique. On a vu que tout code dont la matière subirait de trop grandes modifications serait refondu. Ainsi, les souscripteurs à la collection entière pourront toujours, et à très-peu de frais, se tenir au courant des changements de la législation.

L'éditeur voulant s'associer complétement à la pensée qui a inspiré la *codification générale de la législation française*, et mettre chaque code à la portée de toutes les classes, a décidé que le prix en serait invariablement fixé, pour les codes de deux feuilles ou 64 pages, à   50 c.

Et, pour tous les codes excédant deux feuilles, le prix de chaque feuille en sus est fixé à. . . .   20 c.

Ainsi, en résumé, un code de deux feuilles ou 64 pages. . . . .   50 c.

Un code de trois feuilles ou 96 pages. . . . .   70 c.

Un code de quatre feuilles ou 128 pages. . .   90 c.

Des dépôts de tous les codes peuvent être établis, dès ce moment, dans tous les chefs-lieux d'arrondissement. L'éditeur traitera au comptant avec ceux qui voudraient se charger de ce dépôt, à des conditions favorables.

Nous donnons ci-après le tableau des principaux codes :

Ministère de la justice.

1° Code organique judiciaire.
2° Code des juridictions, des compétences et des conflits.

3° Code des justices de paix.
4° Code des tribunaux de première instance.
5° Code des tribunaux de commerce.
6° Code des tribunaux de simple police, municipale et correctionnelle.
7° Code des tribunaux criminels, — cour de cassa ion, — cours d'assises.
8° Code des cours royales.
9° Code de la cour de cassation.
10° Code de la justice administrative.
11° Code des huissiers.
12° Code des avoués.
13° Code des notaires.
14° Code des avocats aux conseils du roi et à la cour de cassation.
15° Code des avocats.
16° Code des commissaires priseurs.
17° Code des courtiers.
18° Code des prud'hommes.
19° Code de la contrainte par corps.
20° Code des femmes.
21° Code des vices rédhibitoires.
22° Code des formules.
23° Code des propriétaires et des locataires.
24° Code des hypothèques.
25° Code des arbitrages.
26° Code des formules.

Ministère des affaires étrangères.

1° Code du droit des gens.
2° Code des consulats.

Ministère de la guerre.

1° Code organique de l'armée.
2° Code de l'administration générale de l'armée.
3° Code de l'état-major.
4° Code des intendances.
5° Code des armes spéciales.
6° Code du recrutement.
7° Code de l'avancement.
8° Code des écoles militaires.
9° Code des retraites et pensions militaires.
10° Code de la gendarmerie.
11° Code de la Légion-d'Honneur.
12° Code des servitudes militaires.
13° Code des tribunaux militaires.
14° Code de l'état de l'officier.

15° Code des pensions de retraite.
16° Code pénal militaire (1).
17° Code algérien.

Ministère de l'intérieur.

1° Code organique de l'administration de l'intérieur.
2° Code de la police administrative.
3° Code de l'électeur municipal et départemental.
4° Code des communes.
5° Code de la garde nationale. — Code des maires. — Code des commissaires de police.
6° Code de la voirie.
7° Code des prisons.
8° Code des hospices et établissements de bienfaisance.
9° Code des beaux-arts.
10° Code de la chasse.
11° Code de la pêche pluviale.
12° Code des poids et mesures et des monnaies.
13° Code forain des halles et marchés.
14° Code de la police médicale et sanitaire.
15° Code de la presse.
16° Code des pensions civiles.
17° Code des étrangers.
18° Code de la liste civile.

Ministère de l'agriculture et du commerce.

1° Code organique de l'administration de l'agriculture et du commerce.
2° Code rural.
3° Code de la Bourse.
4° Code du commerçant et du négociant.
5° Code du fabricant et de l'ouvrier.
6° Code des sociétés commerciales.
7° Code des assurances.
8° Code de la marine marchande.
9° Code des brevets d'invention.
10° Code des arts et métiers et des écoles de commerce.
11° Code des faillites.
12° Code des travaux publics.

(1) La commission chargée de préparer le Code pénal militaire a terminé ses travaux ; mais le projet ne pourra être présenté qu'à la session prochaine. Trois autres codes seront également dus à M. le maréchal Soult : l'un sur l'organisation des tribunaux militaires, l'autre sur la procédure, et le troisième sur la juridiction. Nous publierons ces codes aussitôt qu'ils auront paru. On peut y souscrire dès à présent, en même temps qu'aux codes ci-dessus

13° Code des ponts-et-chaussées.
14° Code des mines.
15° Code des servitudes publiques et de l'expropriation pour cause d'utilité publique.

Ministère de la marine et des colonies.

1° Code organique de l'administration de la marine.
2° Code de l'avancement.
3° Code de l'amirauté.
4° Code de la marine militaire et des écoles navales.
5° Code de l'inscription maritime.
6° Code des pensions.
7° Code des colonies.
8° Code noir.
9° Code des prises.
10° Code pénal maritime.
11° Code des tribunaux maritimes.

Ministère des finances.

1° Code organique de l'administration des finances.
2° Code des contributions directes et du cadastre.
3° Code des contributions indirectes.
4° Code des postes.
5° Code des douanes.
6° Code des eaux-et-forêts.
7° Code des octrois.
8° Code des cautionnements.
9° Code de l'enregistrement, des droits de greffe, du timbre, des amendes et des tarifs.
10° Code des rentiers de l'état.
11° Code des patentes.

Ministère de l'instruction publique.

1° Code organique universitaire.
2° Code des écoles primaires universitaires.
3° Code des écoles primaires chrétiennes.
4° Code des écoles secondaires.
5° Code des facultés des lettres.
6° Code des facultés de droit.
7° Code des facultés de médecine.
8° Code des facultés de théologie et études ecclésiastiques.
9° Code ecclésiastique.
10° Code des fabriques.
11° Code des écoles professionnelles.
12° Code des concordats.

Le *Code de l'avancement dans l'armée de terre*, avec une Introduction par M. le lieutenant-général comte d'ANTHOUARD, pair de France, a paru.

Sont sous presse :

Le *Code de la Légion-d'Honneur*,
Le *Code de l'avocat*,
Le *Code de l'instruction primaire*,
Le *Code des faillites*,
Le *Code de la Bourse*, etc.

Chaque code sera précédé d'une Introduction par l'une des notabilités des deux chambres, de la magistrature ou du barreau.

Paris. Imprimé par Béthune et Plon.